図説

一冊で学び直せる日本の神様の本

オールカラー

島田裕巳　監修

はじめに

世界の人々は古代から神様とともに生きてきました。それは日本にもあてはまることで、日本人はその長い歴史を、八百万《やおよろず》の神々といわれる多くの神様とともに生きてきました。

しかし、神様は目に見ることのできない存在です。また、直接に出会うこともかなわない存在でもあります。

ですから、私たちはなかなか神様のことを知ることができません。それに、神様を信仰の対象とする神道《しんとう》という宗教は、教義も聖典もないものですから、神様がいったいどういうものなのか、それを文字の形で示してはくれません。

私たちにできることは神社に出かけていって神様に祈るか、自宅に神棚《かみだな》を設け、そこに神札《しんさつ》を祀《まつ》って拝《おが》むことだけです。私たちは、神様のことを十分に知らないまま神様を拝んできたともいえます。

日本には古事記や日本書紀という神話があり、そこでは神様の物語が語られています。直接、古事記や日本書紀にあたって、それを読む機会も限られているでしょう。神様の物語は、古事記や日本書紀に語られたものだけには限りません。私たちは、そうした神話に登場しない神様も信仰の対象としています。

神様の世界もなかなか奥が深い。

それを手軽に知る機会が提供できればということで、この本が生まれることになりました。この本一冊ありさえすれば、私たちは日本の神様の世界について知ることができるはずです。また、神様とどう付き合えばいいのかについてもさまざまな角度から述べられています。

この本を読み通すことができれば、神様についての考え方も大きく変わってくるはずです。私たちは神様とともに生きてきた、その実感は明日への糧《かて》ともなっていくはずなのです。

島田 裕巳

Contents

図説
一冊で学び直せる日本の神様の本
目次

第4章 人々に信仰される神様たち 125

神話の神様たちの系譜①

別天津神

造化三神

アメノミナカヌシ

タカミムスビ

カミムスビ

ウマシアシカビヒコジ

アメノトコタチ

↓

神世七代

クニノトコタチ

トヨクモノ

ウイジニ　スイジニ

ツノグイ　イクグイ

オオトノジ　オオトノベ

オモダル　アヤカシコネ

イザナギ

イザナミ

＊『古事記』と『日本書紀』で異なる部分がありますが、ここでは『古事記』をもとに作成しました。

＊本書では、『古事記』『日本書紀』に登場する神様の名前は、基本的にカタカナで表記しました。読み方などに諸説あるものは、個別に判断しました。神様を祀っている神社や教派によって、神様の呼び方が違うケースもありますが、可能な限り考慮しつつ、基本的には一般的な呼び方で記載しています。ご了承ください。

神話の神様たちの系譜②

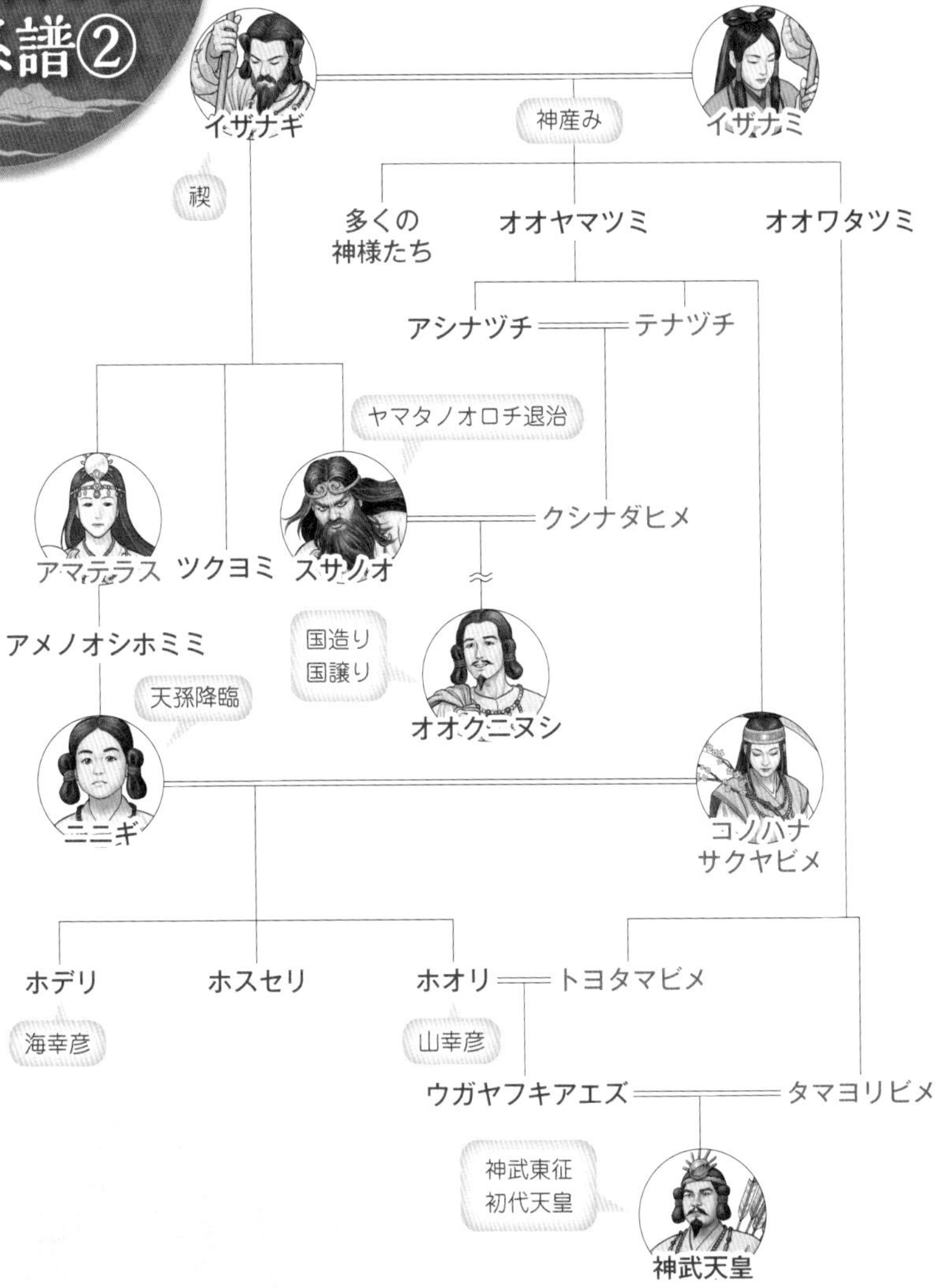
イザナギ
イザナミ
神産み
禊
多くの神様たち
オオヤマツミ
オオワタツミ
アシナヅチ
テナヅチ
ヤマタノオロチ退治
クシナダヒメ
アマテラス
ツクヨミ
スサノオ
アメノオシホミミ
国造り
国譲り
天孫降臨
オオクニヌシ
ニニギ
コノハナサクヤビメ
ホデリ
ホスセリ
ホオリ
トヨタマビメ
海幸彦
山幸彦
ウガヤフキアエズ
タマヨリビメ
神武東征
初代天皇
神武天皇

日本の神様関連年表

日本の神様への信仰

縄文時代	土偶が用いられる
弥生時代	シャーマンが活躍
弥生時代後期	王がシャーマンを凌駕
6世紀半ばまで	中国から朝鮮を経て仏教が伝来
天武天皇の時代	『古事記』『日本書紀』編纂開始か
天武天皇の時代	各地に神社の創建が命じられる
712年	『古事記』成立

同時代の政治・社会

1万3000年前	縄文時代が始まる（地域により異なる）
前4世紀	弥生時代が始まる
1世紀頃	各地に小国が分立
3世紀前半	邪馬台国の卑弥呼が活躍
3世紀半ば	巨大な古墳が出現（以後古墳時代）
6世紀後半	崇仏論争
592年	推古天皇が即位（この頃から飛鳥時代）
7世紀初頭	厩戸王（聖徳太子）が摂政として活躍
7世紀半ば	中大兄皇子（天智天皇）らが改革を行う
672年	壬申の乱
673年	天武天皇が即位、律令制の導入を進める
7世紀後半	「天皇」の称号、「日本」の国号が成立
690年	持統天皇が即位（697年に譲位）
710年	平城京へ遷都（以後奈良時代）

７１３年	諸国に『風土記』編纂が命じられる
７２０年	『日本書紀』成立
７４９年	宇佐神宮の八幡神が東大寺を訪れる
8世紀	神仏習合が進み、神宮寺が作られる
9世紀	神社神階制が導入される
９２７年	『延喜式』成立
９４７年	菅原道真が北野天満宮に祀られる
10世紀	本地垂迹説が生まれる
１０９０年	白河上皇、熊野への道を整える
13世紀後半	伊勢神道の成立
15世紀後半	吉田兼倶が活躍、吉田神道を創始
１５９９年	豊臣秀吉が豊国大明神として祀られる

７４３年	聖武天皇が大仏造立の詔を発する
７８５年	早良親王死去（怨霊として恐れられる）
７９４年	平安京に遷都（以後平安時代）
９０１年	菅原道真が大宰府に左遷される
９３９年	平将門の乱（～９４０年）
１０８６年	白河上皇が院政を開始（以後中世）
１１５６年	保元の乱で崇徳上皇が敗北
１１８５年	源頼朝が鎌倉幕府を開く（以後鎌倉時代）
１２７４年	文永の役（１２８１年には弘安の役）
１３３６年	足利尊氏が建武式目を発表（以後室町時代）
１４６７年	応仁の乱が勃発（～１４７７年）
15世紀終盤	戦国時代が始まる
16世紀後半	織田信長ら世俗権力が宗教勢力を圧倒

1617年	徳川家康が東照大権現として祀られる
17世紀	儒学者山崎闇斎が垂加神道を創始
1798年	国学者本居宣長が『古事記伝』を完成
19世紀前半	国学者平田篤胤が復古神道を大成
幕末維新期	民衆宗教が台頭
明治時代初頭	神道国教化をめざし神仏分離の政策
1868年	神仏判然令が発せられる
1869年	東京招魂社が創建される
1879年	東京招魂社から靖国神社に改称
1882年	神道が神社神道と教派神道に分かれる
明治時代末～	柳田國男が民俗学を確立
大正時代～	折口信夫が民俗学者として活動
1945年	GHQにより神道指令が発せられる
1946年	神社本庁の発足

1603年	徳川家康が江戸幕府を開く（以後近世）
1615年	大坂夏の陣、豊臣家が滅ぼされる
1853年	ペリー来航、開国を迫る
幕末期	尊王攘夷運動
1867年	大政奉還、王政復古の大号令（以後近代）
1868年	明治に改元
1894年	日清戦争が勃発（～1895年）
1904年	日露戦争が勃発（～1905年）
1912年	大正に改元
1926年	昭和に改元
1937年	日中戦争が勃発
1941年	太平洋戦争が勃発
1945年	敗戦
1946年	昭和天皇の人間宣言

第1章

知っていますか？
日本の神様

神様01

「八百万の神々」との交流が文化を作った

日本人と神様とのかかわり

Keywords
・八百万の神々
・日本独特の文化
・日本の歴史

八百万の神々

日本の神様たちは、よく**八百万《やおよろず》の神々**といわれます。「八百万」とは、個体数をカウントした数字ではありません。数えつくせないくらい多いことを示す表現です。日本には**無数といってよいほど多くの神様がいる**と考えられています。

日本列島に住む人々は、太古の昔から、自分たちを取り巻く世界のさまざまなところに、神様を見いだし、祀《まつ》ってきました。人知を超えたものの猛威《もうい》を恐れ、恵みに感謝し、祈りを捧げてきたのです。

神様を通して日本を知る

現代の日本人の多くは、「自分は無宗教だ」と思っており、神様とのかかわりなど、日常生活の中では意識していないかもしれません。

しかし、私たちの社会や生活は、日本独特の文化の上に成立しています。そしてその文化の多くの部分は、長い時間をかけて日本人が神様とかかわってきた積み重ねからできています。

日本の神様について知ることは、日本の歴史と現在を知ることにつながります。本書を通して、日本の神様を楽しく学び直しましょう。

Point 日本人は至るところに無数の神様たちを見いだし、神々とのかかわりから文化を作ってきた。

本書で取り上げるトピック

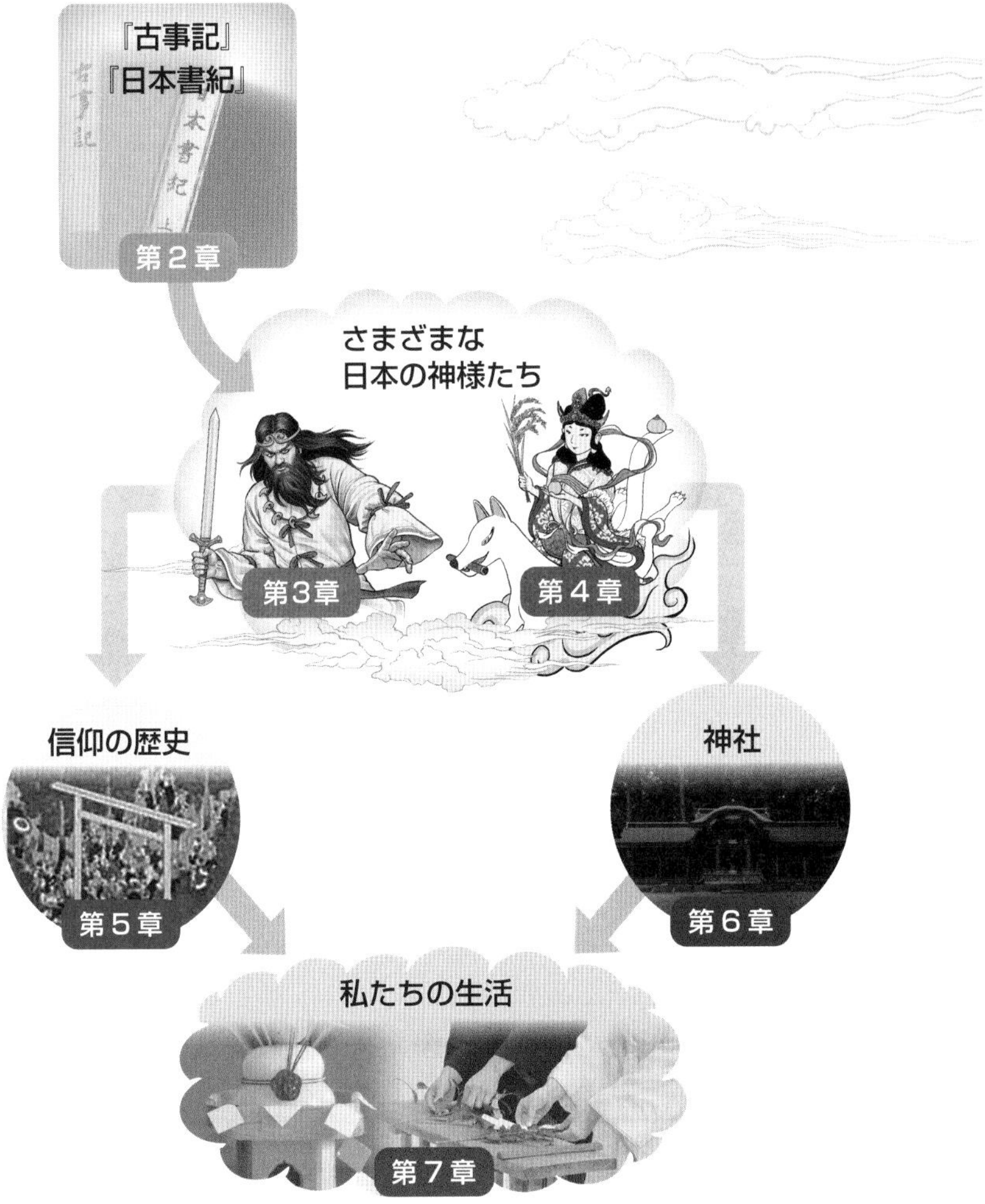

▲日本の神様は、さまざまな形で、現代の私たちの生活ともかかわっている。

古事記と日本書紀

神様のエピソードが詰まった最高の物語

Keywords
・『古事記』、『日本書紀』
・国の始まり
・天皇の登場

「歴史書」に書かれた神話

日本の神様が大勢登場する神話を書き記した書物として、『古事記《こじき》』と『日本書紀《にほんしょき》』があります。ともに、今から1300年ほど前に成立した「歴史書」ですが、これらの「歴史書」は、神話から始まっているのです。

その「歴史」としての神話の内容は、「神が日本の国土を作り、神の子孫である**天皇**が、その国を統治するようになった」というものです。『古事記』と『日本書紀』は、7世紀後半、**天《てん》武《む》天皇《てんのう》**の意を受けて編纂《へんさん》が始まったとされます。

天武天皇は、天皇を中心としたシステムを整備することで、日本を強力な国家にしようと努めました。その一環として、天皇の求心力を高め、「天皇が国を治めるのは当然のことだ」との考え方を広めるために、それまでにあったさまざまな神話を素材として、神から天皇につながる「歴史」としてまとめあげたのが、『古事記』と『日本書紀』の神話なのです。

国の始まりから天皇の登場へ

『古事記』は、とても面白い方法で作られたと

Point 『古事記』と『日本書紀』には、天皇につながる存在としての神様たちが大勢登場する。

『古事記』と『日本書紀』の物語

▲『古事記』『日本書紀』の神話は、国の始まりからの「歴史」として記されている。

されます。まず、驚異的な記憶力をもつ**稗**《ひえ》**田阿礼**《だのあれ》という役人が、当時伝わっていた歴史を学んで丸暗記し、それを**太安万侶**《おおのやすまろ》という貴族に語り聞かせました。太安万侶は、稗田阿礼の話を書き取って編集し、712年に『古事記』を完成させたのだといいます。もう一方の『日本書紀』は、天武天皇の息子**舎人親王**《とねりしんのう》の指揮のもと、720年に完成しました。

『古事記』と『日本書紀』には、おおむね共通の筋として、**国の始まりから天皇の登場へとつながるストーリー**が書かれています。数多くの個性豊かな神様たちが活躍するその物語は、非常に面白いものです。『古事記』と『日本書紀』のストーリーは、第2章でたっぷりと紹介します。

日本の神様の特徴は？

自然の中のどんなものでもカミになれる!?

Keywords
・神格化
・習合
・本居宣長

神様を３種類にグループ分け

『古事記』や**『日本書紀』**には、３２７柱《はしら》の神様の名前が出てくるといいます（「柱」は神を数えるときの単位です）。かなりの数ですが、日本の神様は、『古事記』『日本書紀』に出てくる神様たちだけではありません。

日本の神様は、３つのグループに分けられます。**『古事記』『日本書紀』に登場する神様たち**が、そのうちのひとつのグループです。

ふたつめのグループは、**『古事記』『日本書紀』の神話とは別に登場し、信仰されるようになった神様たち**です。どこかの集団がいつの間にか祀《まつ》るようになった神様もいれば、外国から入ってきた神様もいます。**八幡神社**《はちまんじんじゃ》の**八幡神**《はちまんしん》（１２６ページ参照）などがその典型だといえます。

３つめのグループは、**実在の人物が神格化**《しんかくか》**されてできた神様たち**です。平安時代の貴族**菅原**《すがわらの》**道真**《みちざね》（８４５～９０３年）が**天神**《てんじん》（１４８ページ参照）となったのが代表例です。

ちなみに、本来は別々だったものが「同じものだ」とみなされるようになることを**習合**《しゅうごう》といいますが、別グループに属する神様どうしが習合したり、仏教の仏と習合したりすることも珍しくありません。

Point 日本では、自然の中のいろいろなものが神様になることができるが、3グループに分類される。

日本の神様の3グループ

グループ1

『古事記』『日本書紀』に登場する

- アマテラス ➡ 94ページ
- スサノオ ➡ 96ページ
- オオクニヌシ ➡ 106ページ

ほか

グループ2

『古事記』『日本書紀』に登場しない

- 八幡神 ➡ 126ページ
- 稲荷神 ➡ 128ページ
- オシラサマ ➡ 146ページ

ほか

グループ3

実在の人物が神格化

- 菅原道真 ➡ 148ページ
- 崇徳天皇 ➡ 151ページ
- 徳川家康 ➡ 152ページ

ほか

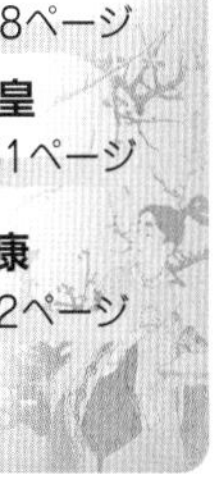

▲本書では、グループ1は第3章、グループ2とグループ3は第4章で扱う。

神とは何か？　本居宣長の洞察

江戸時代、「日本の本来の文化を再発見しよう」という**国学**《こくがく》が隆盛しました（186ページ参照）。代表的な国学者**本居宣長**《もとおりのりなが》は、『古事記』を徹底的に研究し、「日本の神とはどういうものか」について、興味深い洞察《どうさつ》を述べています。

宣長によると、自然の中のどんなものであっても、人間に畏《おそ》れの念を抱かせるようなものは「カミ」であり、よい「カミ」だけでなく悪い「カミ」も、日本には存在するというのです。

バラエティ豊かな日本の神様たちは、第3章と第4章で紹介していきます。

ほかの宗教との違いは？

神道を世界の有名宗教とくらべてみる

Keywords
・神道
・創唱宗教
・自然宗教

有名な創唱宗教

日本の神様に対する信仰は、普通、**神道**《しんとう》という言葉でくくられます。また、神道は**宗教**の一種だと考えられています。

宗教としてほかに有名なものとしては、「キリスト教」や「イスラム教」、「仏教」などがあります。これらとくらべてみると、日本の神様に対する信仰の特徴が見えてきます。

たとえば**キリスト教**は、もともとあった**ユダヤ教**をもとに、**ナザレのイエス**（前7か前4頃～後30年頃）によって始められたとされます。このように、その宗教を作った人（**創唱者**《そうしょうしゃ》）がいる宗教を、**創唱宗教**《そうしょうしゅうきょう》といいます。

イスラム教は、ユダヤ教とキリスト教の伝統を踏まえて、7世紀の初め頃、**ムハンマド**（570頃～632年）によって創唱された創唱宗教です。**仏教**はもっと古いですが、前6世紀頃、**ガウタマ・シッダールタ**（前563頃～前483年頃、諸説あり）によって開かれました。これもやはり創唱宗教です。

創唱宗教では、インパクトの強い教えが説かれ、聖典に記されて流通することが少なくありません。そのためしばしば、民族の枠を超えて広がることから、**世界宗教**とも呼ばれます。

Point 日本の神様への信仰は、世界の創唱宗教とは違い、土地に根ざして形成された。

各宗教・信仰の比較

宗教	創始された時代	創唱者	教典・聖典
仏教	前６世紀頃	ガウタマ・シッダールタ	各種経典
キリスト教	１世紀	ナザレのイエス	旧約聖書・新約聖書
イスラム教	７世紀	ムハンマド	クルアーン
日本の神様への信仰	不明	なし	なし（流派ごとの神道書などは存在する）

▲日本の神様への信仰にもとづく神道は、明確な始まりの時点も創唱者もない、「ない宗教」だと考えることもできる。

日本の神様信仰は宗教か？

一方、神道は、特定の個人が教えを説いたことから始まったわけではありません。土地に根ざして形成されてきた信仰です。

そのような宗教は、創唱宗教に対して、**自然宗教**といいます。ほかの土地の民族に広く伝播するようなものではないことから、**民族宗教**ともいいます。

しかし、神道は、本当にひとつの宗教なのでしょうか。じつはこれは、なかなか難しい問題です。日本の神様に対する信仰は、最初から現在の神道のような形だったわけではありません。第５章で、興味深い信仰の歴史を見ていきましょう。

神社とはどういうところ？

神様と接することのできる場所

Keywords
・ご神徳
・ご利益
・御朱印

コンビニよりも多い神社

日本に神様が大勢いるといっても、普段の生活の中では、なかなか神様とのつながりを感じる機会はないかもしれません。しかし、**神社**を訪れたときには、何らかの形で神様とのかかわりが感じられるのではないでしょうか。

神様を祀る神社は、日本中におよそ8万1000もあるといいます。これは、全国のコンビニエンスストアの数よりもはるかに多く、神社は非常に身近であるといえます（ちなみに、仏教の**お寺**は7万6000ほどだとされます）。

神様のご利益をいただく

神社に祀られている神様は、それぞれのすぐれたパワーをもっており、**ご神徳**《しんとく》と呼ばれるそのパワーに応じて、さまざまな**ご利益**《りやく》（恵み）を与えてくれると信じられています。多くの人が、抱えている問題やかなえたい願いに応じて、ご利益のある神社に参詣《さんけい》します。

また近年は、各地の神社をめぐり、参拝《さんぱい》した証《あかし》としての**御朱印**《ごしゅいん》を集めることもブームになっています。神社の仕組みやお参りの仕方については、第6章で見ていきましょう。

Point

コンビニよりも多い神社は、神様とのかかわりを感じられる身近な場所である。

日本の「超」有名神社MAP

▲ここでは、全国に8万1000社もあるという神社の中から、本書に何度も登場するものを中心に、特に有名な神社を挙げた。

人生の節目と神様

こんな行事も神様に由来していた!!

神様とかかわる年中行事

日本列島の人々が神様に対して抱いた信仰は、さまざまな慣習や作法を生み出し、日本の文化として浸透《しんとう》しています。

その中には、**年中行事**などとして生活に深くなじんだため、神様とのかかわりがあまり意識されなくなっているものもあります。

たとえば**お正月**は、本来、新しい年の神様（**年神様**《としがみさま》）を迎える行事でした。家の前に飾られる**門松**《かどまつ》は、神様を呼んで宿ってもらう、めでたい木という意味をもっていたといいます。

▼お正月の「門松」。古来、木には神様を呼んできて宿ってもらうことができると考えられていた。

Keywords
・文化
・年中行事
・儀礼

Point 日本の年中行事や人生の節目の儀礼などにも、神様とのかかわりの伝統が息づいている。

▲神様の前で結婚を誓う「神前式」。

現代にも息づく儀礼

人生の節目の儀礼としても、たとえば子どもの**七五三**《しちごさん》には、多くの親が子どもに素敵な衣装を着せ、神社に参拝します。これは、子どもの健やかな成長を、神様にお祈りしているのです。**結婚式**などを、神様に見守ってもらうため、神道の流儀で行う人も少なくありません。

今の日本人の信仰心は薄くなったといわれますが、逆にいうと、普段は取り立てて意識していないだけで、神様とのかかわりは、私たちの生活の深いところにまで根を下ろしているのかもしれません。

私たちの生活と、日本の神様とのかかわりは、第7章で見ていきましょう。

COLUMN 1

神様の心を伝えるおみくじ

神社で**おみくじ**を引いたことのある人は多いのではないでしょうか。このおみくじも、私たちと神様とのかかわりのひとつの例だといえます。

「おみくじ」とは、「神様のくじ」という意味です。引いてみるまで結果がわからない**くじ**は、古来、**占い**《うらな》の一種として使われてきました。そして占いとは、「神様がどう考えているか」を知るためのものです。昔の人は、たとえば農業を行ったり、土木工事をしたりする際、その事業を神様がうまくいかせてくれるかどうか、占いによって事前に知ろうとしました。くじ引きも、そのような神意《しんい》を知るための占いなのです。

おみくじの由来については、中国の**天竺霊籤**《てんじくれいくじ》というくじが日本に伝わったのがルーツだとする説があります。昔の日本では、日本の神様への信仰と**仏教**の信仰が融合していたので（**神仏習合**《しんぶつしゅうごう》といいます）、おみくじは神社とお寺の両方に広まりました。

神社で引いたおみくじは、神様からもらった**授与品**《じゅよひん》です。境内《けいだい》の木に結んでもよいですし、もって帰ってもかまいません。

おみくじは、単なる運試しではなく、神様からのメッセージと考えるのがよいでしょう。最も運勢が低いことを表す「大凶《だいきょう》」が出たとしても、落ち込むことなく、「これから運勢が上がっていくんだな」と思って、神様のアドバイスを受け取ってください。

第2章

古事記・日本書紀の神話

神様たちの活躍を描く古代の「歴史書」

古事記と日本書紀とは？

Keywords
・『古事記』
・『日本書紀』
・天皇

歴史とつながった神話

この章では、日本の神様を知るには避けて通ることのできない、**『古事記』**と**『日本書紀』**に記された神話の物語を追っていきます。『古事記』と『日本書紀』はともに、神々の活躍する神話を、日本の歴史とひと続きのものとして描いている古典です。

合わせて**記紀**《きき》とも呼ばれるこの二書では、「日本という国を作った神々から**天皇**へと、どのように系譜がつながっているか」が語られています。

同時期に成立したふたつの古典

『古事記』は、奈良時代の初め、712年に成立しました。現存している中では、最古の「歴史書」であるとされています。『日本書紀』は、公式の歴史書である**正史**《せいし》として編纂が進められ、古事記の8年後の720年に完成しました。

同時期に成立したこのふたつの古典は、ともに日本の神話と歴史を記録しているのですから、重複する内容も多々あります。しかし、じつは違いも多いのです。

Point 『古事記』『日本書紀』はともに、神話と歴史の書として、奈良時代の初めに成立した。

「記紀神話」フローチャート

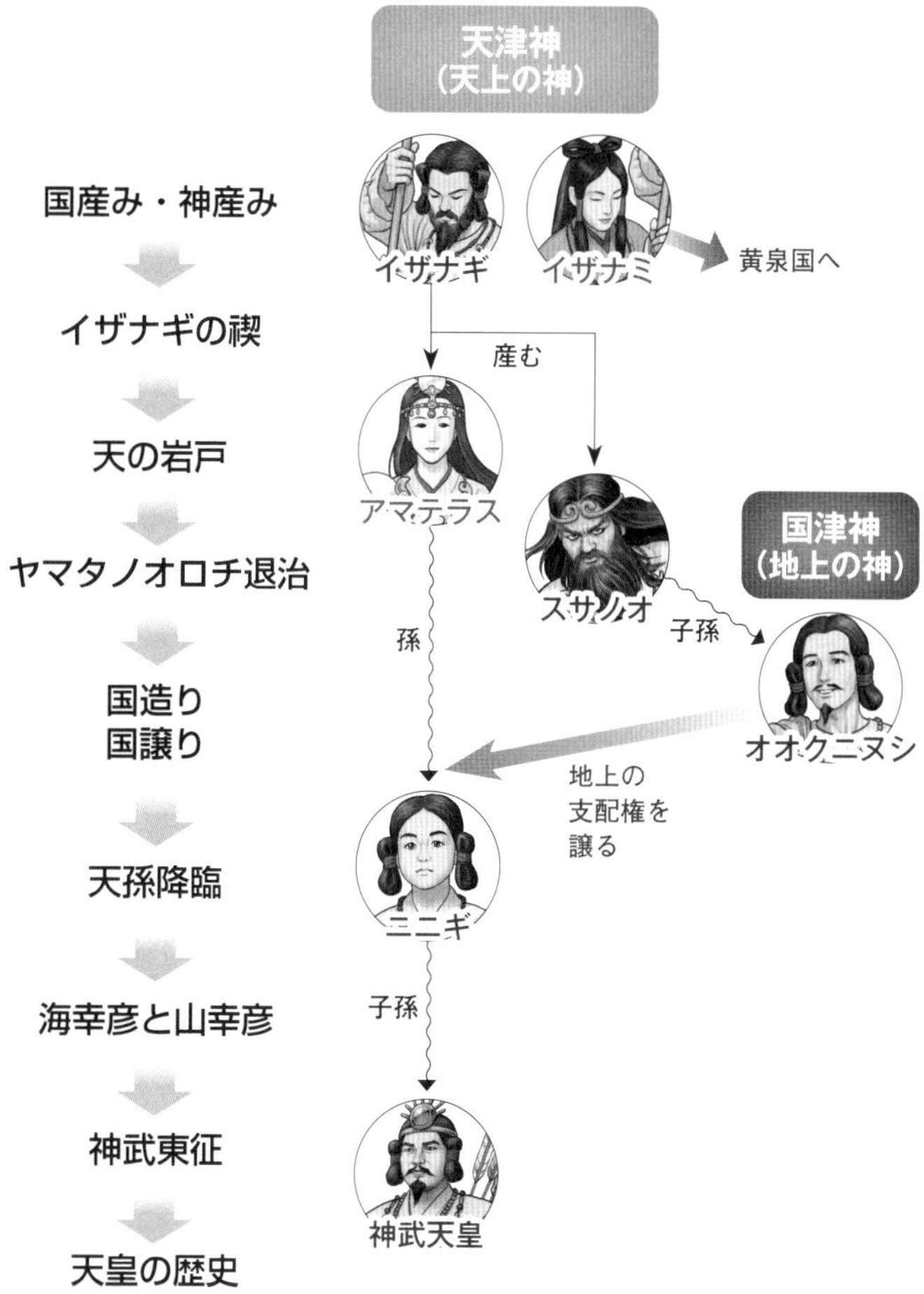

▲『古事記』と『日本書紀』を合わせて「記紀」といい、これらに記された神話を「記紀神話」と呼ぶことがある。

構成と特徴

『古事記』は全3巻で、**神代《かみよ》**（神様たちの時代）から**推古天皇《すいこてんのう》**（在位592～628年）の代までが記されていますが、その中で、神話が1巻分を占めています。つまり、「歴史書」の3分の1が神話なのです。

また、全編を通じて物語性が強く、文学作品として楽しむこともできます。そのような内容が、日本語の音に漢字を当てて表現する**変体漢《へんたいかん》文《ぶん》**（**和化漢文《わかかんぶん》**）で表記されています。

一方、『日本書紀』は全30巻で、神代から**持《じ》統天皇《とうてんのう》**（在位690～697年）の代までが記されています。神話部分は2巻のみで、『古事記』よりも割合が小さくなっています。

当時の東アジアの公用語ともいうべき**漢文**表記で、中国の歴史書のように、出来事が時系列で表される**編年体《へんねんたい》**で編集されています。

また、『日本書紀』の神話は、各エピソードを記述した本文にあたる**本書《ほんしょ》**と、それに関連する異伝や逸話《いつわ》などを追加する注記の**一書《いっしょ》**（「あるふみ」とも読みます）が、セットとなって構成されていることが特徴的です。

何のために作られたのか

記紀の編纂が始まったのは、7世紀後半の**天武天皇**・持統天皇の時代です。天武天皇は、古代最大の内乱と呼ばれる**壬申《じんしん》の乱**（672年）に勝利して政権を握った王であり、**天皇に権力**

Point 『古事記』は国内向けアピール、『日本書紀』は国外向けアピールの性格をもつ。

『古事記』と『日本書紀』の比較

名称	古事記	日本書紀
編纂開始	天武天皇の意とされる	天武天皇の意とされる
編纂者	稗田阿礼、太安万侶	舎人親王をはじめ多数
完成	712 年	720 年
巻数	全 3 巻 （うち神話部分 1 巻）	全 30 巻と系図 1 巻 （うち神話部分 2 巻）
ターゲット	国内向け	国外向け
扱っている期間	世界の始まり ～推古天皇	世界の始まり ～持統天皇
スタイル	変体漢文、紀伝体	漢文、編年体

▲『古事記』『日本書紀』の編纂が、だれの命令でいつ開始されたのかについては、はっきりしたことはわかっていない。

を集中させて強い力で国を治めることをめざしました。それまでの「大王《おおきみ》」という称号に代わって、**天皇**の称号が用いられるようになったのも、この天武天皇以降だとされています。

天皇中心の社会を作るには、「天皇がこの国を支配するのは、正当なことなのだ」と、各地の人々にアピールする必要があります。神々から天皇家に系譜がつながっていることを物語として説く『古事記』の編纂は、**国内統治強化のための一大宣伝政策**でした。

一方『日本書紀』は、当時の国際的なスタンダードに準拠して立派な正史をまとめることで、**海外、特に中国に対して、国としての権威を示そうという政治的意図**から編纂されたと考えられています。

語られるのは世界が先か？ 神が先か？

国が生まれる前には何があったのか

Keywords
・高天原
・造化三神
・別天津神

世界と神々の誕生

『古事記』の神話は、神様たちの誕生から始まります。

天と地がひらけたとき、**高天原**《たかまのはら》（読み方は諸説あり）と呼ばれる天上界にまず出現したのは、**アメノミナカヌシノカミ**という神様でした。さらに、**タカミムスビノカミ**と**カミムスビノカミ**の二神が続きます。

万物を作り育てる根源ともされるこれら3柱の神様たちは、**造化三神**《ぞうかさんしん》と呼ばれます。造化三神は、なぜか、すぐに姿を隠してしまったとされています。

さて、地上界は、まだ水に浮かんだ脂《あぶら》のように漂《ただよ》っていました。そんな中、**ウマシアシカビヒコジノカミ**と**アメノトコタチノカミ**も出現し、姿を消していきました。

ここまで現れた5柱の神様は、**別天津神**《ことあまつかみ》と総称されます。彼らは、性別も配偶者もない「独《ひと》り神」でした。

世界観の違い

一方、『日本書紀』の神話は、天地も定まら

Point 『古事記』では世界の始まりのとき、「造化三神」を含む「別天津神」たちが現れたとされる。

別天津神たち

登場順		名前	どのような神様か
1	造化三神	 アメノミナカヌシノカミ	天上の世界「高天原」の主宰神(中心にいて全体をまとめる神)と考えられることもある。
2		 タカミムスビノカミ	宇宙の中でものが生成する力(「ムスビ」の力)を神格化した神だと考えられる。
3		 カミムスビノカミ	タカミムスビノカミと対になって、生成をつかさどる「ムスビ」の力を表している。
4		ウマシアシカビヒコジノカミ	まだ定まらない世界の中で、葦の芽のように萌えあがるものから生まれた神。
5		アメノトコタチノカミ	天そのものを神格化した神。アメノミナカヌシノカミと同一視されることもある。

▲『古事記』において、「造化三神」と、そのあとの2柱の神様を、「別天津神」と総称する。「造化三神」については、90ページ参照。

ない混沌から始まります。まず天が、次に地ができる様子が描かれ、そのあとで、天地の間に**クニノトコタチノカミ**をはじめとする神様たちが誕生します。

『古事記』と『日本書紀』は、始まり方が違っており、**それぞれの世界観も大きく異なる**ことが、研究者たちによって指摘されています。

その違いから、「神々と天皇家とのつながりの物語」としての『古事記』のあり方と、「世界の始まりから語られる正史」としての『日本書紀』のあり方も見て取れます。

ここからは『古事記』にもとづいて神話のストーリーをたどり、随時《ずいじ》、『日本書紀』との違いも紹介していきましょう。

夫婦神は試行錯誤で「日本」を生み出した

イザナギとイザナミの国産み

Keywords
・神世七代
・天沼矛
・国産み

天沼矛とオノゴロ島

別天津神のあと、**神世七代**《かみよななよ》と呼ばれる神様たちが現れました。これは、2柱の独り神と、5組の男女一対の神（双《なら》び神）です。その神世七代の最後に現れたのが、男神**イザナギノミコト**と女神**イザナミノミコト**のカップルでした。

イザナギとイザナミは、別天津神から**天沼矛**《あめのぬぼこ》という矛《ほこ》を与えられ、「国土を固めて作りあげるように」と、**国産**《くにう》**み**を命じられます。

2柱はまず、高天原と地上界をつなぐ**天**《あめ》**の浮**《うき》**橋**《はし》の上に立ち、矛で海をかき混ぜました。ふたりの初めての共同作業です。矛を引き上げたとき、その先端からしたたり落ちた海水の塩が固まり積もって、**オノゴロ島**という島になりました。

結婚の儀式

自分たちが作ったオノゴロ島に降《お》りたイザナギとイザナミは、**天**《あめ》**の御柱**《みはしら》という神聖な柱を立てて、広大な御殿を建設しました。

そののち2柱の神は、それぞれの体を確かめたうえで、イザナミの体の「足りない部分」を、

Point イザナギとイザナミはオノゴロ島を作り、そこで結婚の儀式を行った。

神世七代

代	独／双	名前	どんな神様か
1	独り神	クニノトコタチノカミ	大地（国土）のすべてを象徴。
2	独り神	トヨクモノノカミ	ものが固まってくる様子を象徴。
3	双び神	ウイジニノカミ（男） スイジニノカミ（女）	泥のような原初的な大地を象徴。
4	双び神	ツノグイノカミ（男） イクグイノカミ（女）	万物をはぐくむ繁殖や成長の力を象徴。
5	双び神	オオトノジノカミ（男） オオトノベノカミ（女）	固まった大地を象徴。男女の性器の象徴という説も。
6	双び神	オモダルノカミ（男） アヤカシコネノカミ（女）	いよいよ大地の表面が過不足なく完成したことを象徴。
7	双び神	イザナギノミコト（男） イザナミノミコト（女）	「神世七代」の最後の代。ともに「国産み」「神産み」を行う。

▲『古事記』における「神世七代」の神様たち。

イザナギの体の「余った部分」で塞《ふさ》ぐ（性交を遠回しに示す、面白い表現です）ことによって、国土を生み出そうと話し合いました。

そして、彼らは結婚のための儀式を行います。それは、天の御柱を中心にそれぞれ逆向きに回り、出会ったところで結婚する、というものでした。

イザナギは左回り、イザナミは右回りに柱をめぐります。出会ったところでイザナミから「なんて素敵な男性でしょう」と声をかけました。次にイザナギも「なんて素敵な女性だろう」と返します。じつはイザナギは、イザナミが先に声をかけてきたことに不満でしたが、そのまま2柱は結ばれ、子どもを作りました。

ところが、生まれた子どもは、ヒルのように骨のない**ヒルコ**でした。イザナギとイザナミは、このヒルコを、葦《あし》の葉で織《お》った船に乗せて流し、捨ててしまいます。また、次に生まれた**アワシマ**（淡島）も同様で、子どもの数のうちには入れられませんでした。

儀式のやり直しと国産み

思うように子どもが作れないイザナギとイザナミは、**高天原**の別天津神に相談に行きます。そして占いが行われ、「女性から先に声をかけたのがよくなかったので、儀式をやり直すように」との結果が出ました。

イザナギとイザナミはすぐにオノゴロ島へ戻ると、あらためて天の御柱の周囲を回ります。出会ったところで、今度はイザナギから先に声をかけ、それにイザナミが応じました。

この結婚のやり直しの結果、イザナギとイザナミは、**淡路島**《あわじしま》を筆頭に、**四国**、**隠岐島**《おきのしま》、**九州**、**壱岐島**《いきのしま》、**対馬**《つしま》、**佐渡島**《さどがしま》、**本州**という8つの島を生み出すことができました。これらの島々を、**大八島**《おおやしま》といいます。

イザナギとイザナミは、その後もさらに6つの島を生み出し、計14の島々によって、「日本の国土」が形作られることになりました。

日本書紀での国産み

『日本書紀』のほうの神話には、5柱の別天津

Point イザナギとイザナミは結婚の儀式をやり直し、「国産み」を行った。

生み出された「国」

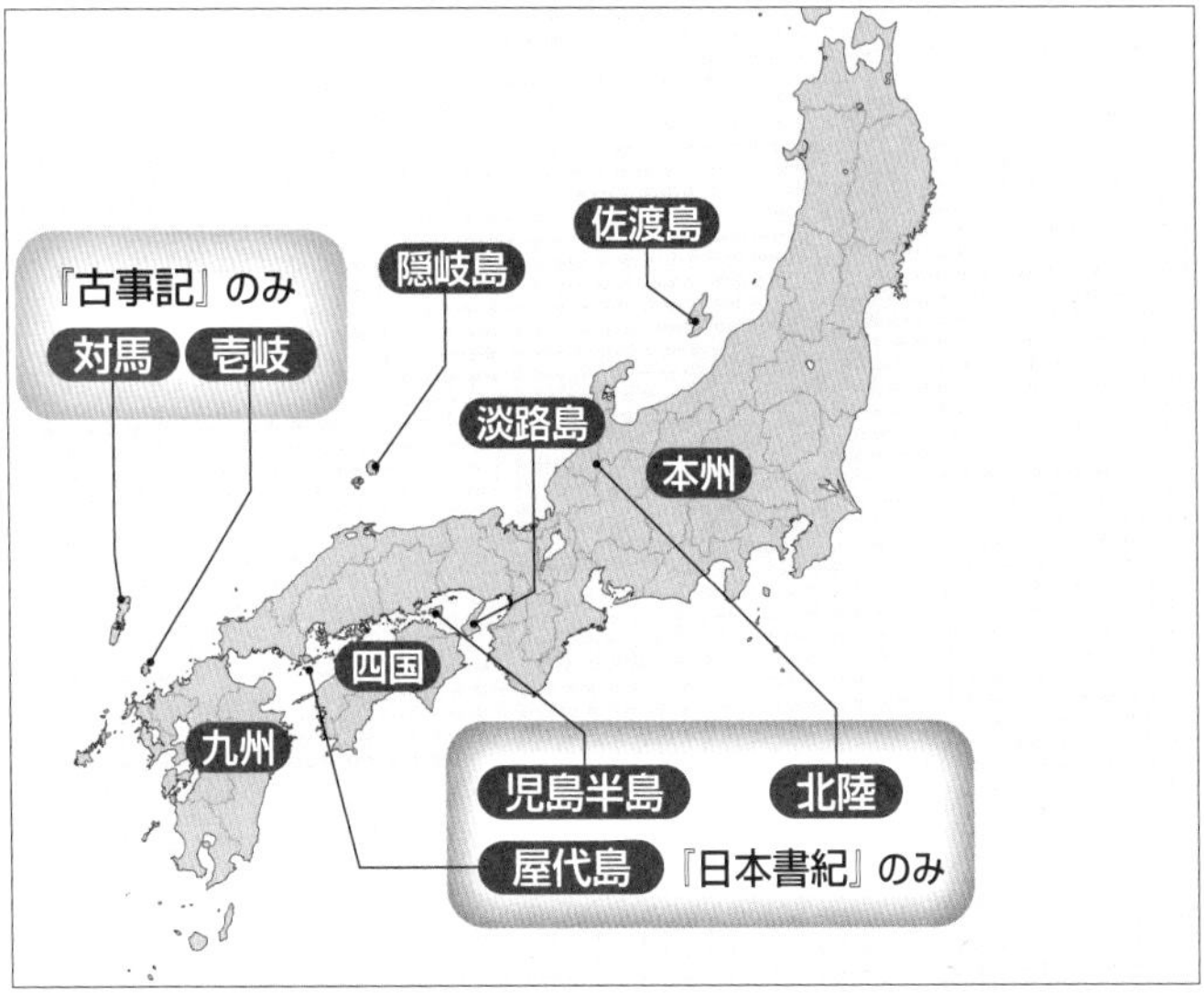

▲『古事記』の「大八島」と『日本書紀』の「大八洲国」は、構成要素が少し異なる。

神が存在せず、最初に現れた**クニノトコタチノカミ**を含む3柱の独り神たちと、その次に生まれた4組の双び神たちが「神世七代」と呼ばれます。神世七代を構成する神様たちの名が『古事記』とは違っていますが、最後に出現する双び神がイザナギとイザナミである点は同じです。

『日本書紀』のイザナギとイザナミは、だれから命令されることもなく、自分たちの意思で国産みを開始します。柱をめぐる儀式も、自分たちでやり直します。

また『日本書紀』においては、イザナギとイザナミが生んだ島などが微妙に異なり、**大八洲国**《おおやしまぐに》と呼ばれています。

火の神の誕生が悲劇をもたらした

神産みとイザナミの死

Keywords
・神産み
・家宅六神
・火の神

神々を生み出す

国産みの次に**イザナギ**と**イザナミ**が行ったのは、**神産《かみう》み**でした。最初の**オオコトオシオノカミ**のあと、**家宅六神《かたくろくしん》**と呼ばれる、住まい作りに関係の深い神々が生み出されました。石の神、土砂の神、門の神、屋根を葺《ふ》く神、屋根の棟《むね》の神、風を防ぐ神です。

続いて、海や水にかかわる神々、自然現象の神々が生まれると、その神々の間に、さらに新たな神が生み出されていきました。

イザナギとイザナミは、船や交通をつかさどる神、穀物や食物をつかさどる神を生んだのち、火をつかさどる**ヒノヤギハヤオノカミ**、別名**カグツチ**を誕生させます。ところが、燃えさかるカグツチを産んだイザナミは、陰部《いんぶ》に、致命傷となる火傷《やけど》を負ってしまうのです。

苦しむイザナミの吐瀉物《としゃぶつ》や便や尿からさえも、金属、陶器、農業などに欠かせない神々が現れました。しかしついに、イザナミの命は尽きてしまったのでした。子どもと引き換えに妻を失い、泣き叫ぶイザナギの涙からも、新しい神が出現しました。イザナミは、**出雲国《いずものくに》**（島根県）と**伯伎国《ほうきのくに》**（伯耆国、鳥取県西部）の境にある**比婆山《ひばやま》**に葬《ほうむ》られました。

Point イザナギとイザナミは「神産み」を行うが、火の神を産んだイザナミは死んでしまった。

「神産み」で生まれた神様たち

神産み
- → オオコトオシオ
- → 家宅六神（住居にかかわる神）
- → 自然の神様たち
  - ・オオワタツミ（海の神）
  - ・オオヤマツミ（山の神）ほか
  - → さらに子を作る
- → トリノイワクスフネ（船の神）
- → オオゲツヒメ（食物の神）
- → ヒノヤギハヤオ（別名カグツチ、火の神）

▲このほか、イザナミの嘔吐や糞尿、イザナギの涙などからも神様たちが生まれている。

斬られた火の神

妻を死に追いやったカグツチを許せないイザナギは、なんと、息子の首を長剣で斬り落としてしまいます。すると、剣の刃から飛び散る血や、イザナギの手を染めた血から神々が出現。さらに、殺されたカグツチの頭、胸、腹、両手、両足、陰部からも、山にまつわる8柱の神が現れたのでした。

以上が『古事記』での神産みの顛末《てんまつ》ですが、じつは『日本書紀』の神産みには、イザナミが命を落とすくだりはありません。したがって、これに続く有名な**イザナギの黄泉国《よみのくに》訪問**も、『古事記』だけのエピソードです。

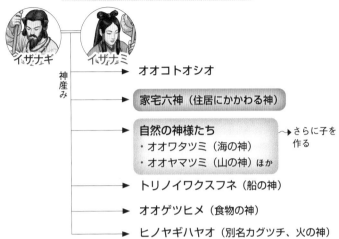

イザナギ、黄泉国へ

妻の変わり果てた姿を見た男は……

Keywords
・黄泉国
・黄泉国の食べ物
・黄泉比良坂

死者との再会

イザナギは、妻恋しさのあまり、**イザナミ**の去っていった**黄泉国**へとおもむきました。そして、イザナミのいる御殿の戸口から、「私とあなたの国造《くにづく》りはまだ終わっていないのだから、戻ってきてください」と懇願《こんがん》します。

しかし、イザナミはすでに黄泉国の食べ物を口にしていたため、簡単には戻れない身になっていました。「黄泉国の神に相談しますから、その間、私の姿を決して見ないでください」といって御殿の奥へさがったイザナミは、なかなか戻りません。しびれを切らしたイザナギが、約束を破って御殿に入ったところ、腐乱《ふらん》した体にウジがわき、変わり果てたイザナミの姿を見てしまったのでした。

脱出と離別

恐れをなしたイザナギは、御殿から逃亡。イザナミは恥をかかされたと怒り、次々と追っ手を差し向けます。髪飾りや剣を用いながら逃げるイザナギは、最後に、聖なる果物である桃を投げつけて、追跡者たちを黄泉国へと追い払い

Point イザナギはイザナミを追って黄泉国へ行ったが、妻の変わり果てた姿を見て、もとの国へ逃げた。

▲島根県松江市には、「黄泉国」との境界「黄泉比良坂」とされる場所がある。（写真：島根県観光連盟所蔵）

ました。

イザナギは、黄泉国の境界である**黄泉比良坂**《よもつひらさか》を大岩で塞ぎ、追ってきたイザナミに別れを宣言します。イザナミは岩の向こうで、「こんなことをするのなら、私は、人間を1日に1000人殺します」と恨《うら》み言をいいますが、イザナギは「私は1日に1500人分の産屋《うぶや》を建てよう（1500人を生まれさせよう）」と返答し、もとの国へ戻ったのでした。

じつは、ギリシア神話にもこれに似た話があります。死んだ妻を訪ねて冥界《めいかい》へ行くけれども、「見てはいけない」という禁を破ったせいで連れ戻せない**オルフェウス**の話と、冥界の食べ物を食べた**ペルセフォネ**が生者の世界に戻れなくなる話です。遠く離れた土地の神話に共通点があるのは、興味深いことです。

神話の主役たちが登場する！

イザナギの禊と三貴子の誕生

Keywords
・穢れ
・禊
・三貴子

禊で生まれる神々

黄泉国からもとの国に逃げ帰った**イザナギ**は、死者の国の**穢《けが》れ**を祓《はら》うために、**筑紫国《つくしのくに》**（九州）日向《ひむか》の阿波岐原《あわきがはら》の川で、**禊《みそぎ》**（水浴で体を清めること）を行うことにしました。

すると、川に入ろうとして脱ぎ去った衣服や装身具などから、次々と神様が誕生。陸路や海路にかかわる12柱の神々となりました。

イザナギが、川の流れが急でも緩《ゆる》めでもない中流あたりで体をすすいだところ、黄泉国で受けた穢れが、多くの災禍《さいか》と大きな災禍をもたらす2柱の神様となって出現。そのまま体を清めつづけると、今度は逆に、災厄《さいやく》を消す神様3柱も現れます。

そして、体を水に沈めたときに、水（海）の神様などが生まれました。

三貴子の出現

最後にイザナギは顔を洗います。左目、右目、鼻の順に洗うと、**アマテラスオオミカミ**、**ツクヨミノミコト**、**スサノオノミコト**の3柱の神様が生まれました。彼らは特別に貴い神様たちで

Point 黄泉国から戻ったイザナギが「禊」をすると、多くの神とともに「三貴子」が誕生した。

禊から生まれた神様たち

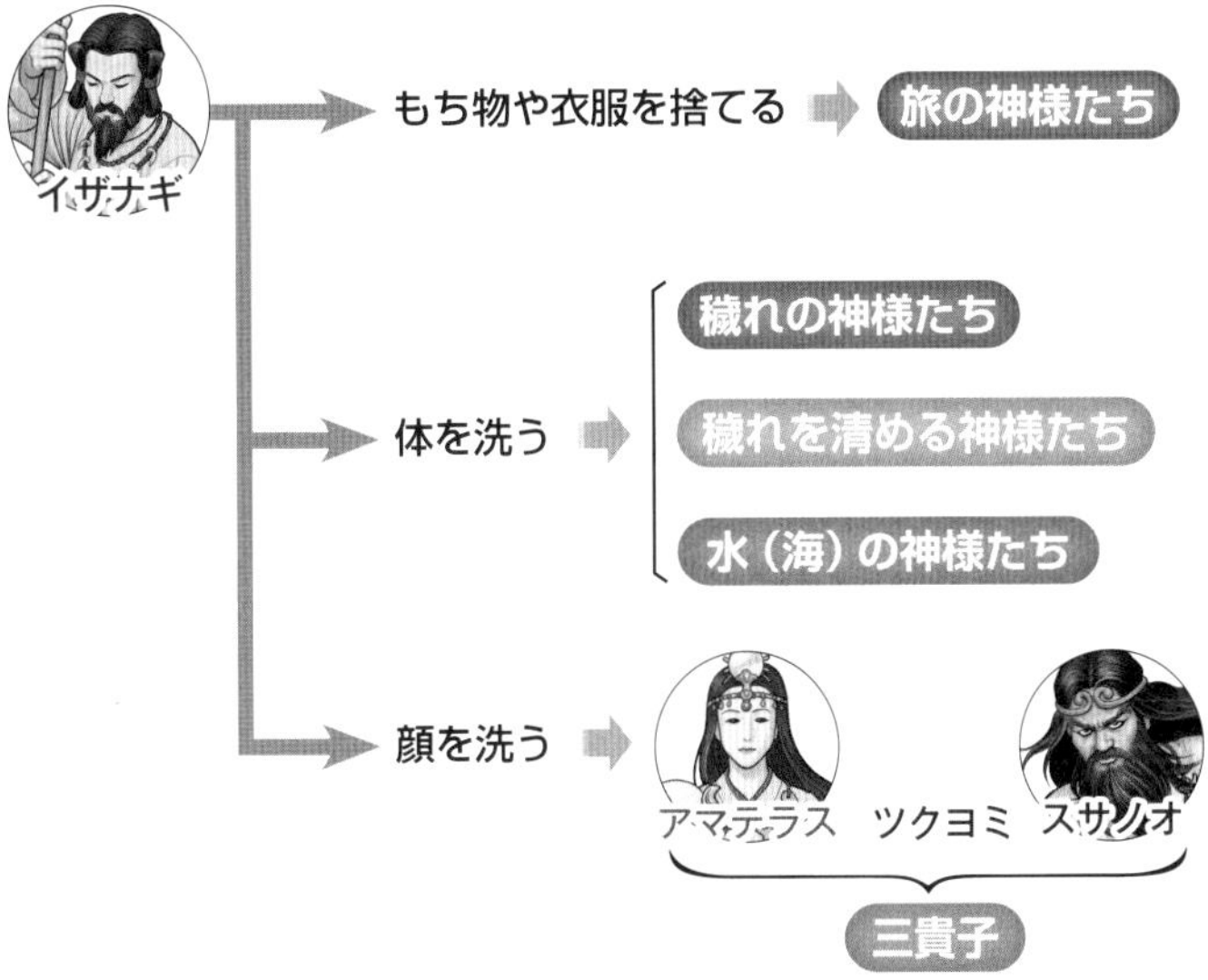

▲「黄泉国」の「穢れ」を落とす「禊」から、多くの神様たちが生まれた。

あり、**三貴子**《さんきし》と呼ばれます。

多くの神々が生まれたあとに、貴い三神に恵まれたことを喜んだイザナギは、身につけていた首飾りをアマテラスに与え、天の神々（**天津神**《あまつかみ》）の住む**高天原**を治めることを命じます。さらに、ツクヨミには夜の国を、スサノオには海を治めるようにいいました。

イザナミが死んだことになっていない『日本書紀』では、当然、黄泉国の話も、イザナギの禊もありません。イザナギとイザナミは、アマテラスとツクヨミに相当する日の神と月の神を生み、次に**ヒルコ**を生んで流したのち、スサノオが誕生するという話となっています。

「問題児」が神々の世界を混乱させる！

荒れすさぶスサノオ

Keywords
・根之堅州国
・誓約
・狼藉

追い出されたイザナギの息子

三貴子のうち、**アマテラス**と**ツクヨミ**の2柱は、それぞれ父**イザナギ**に指示された国を治めていました。ただ、**スサノオ**だけは任された海原を統治せず、死んだ母のいる**根之堅州国**《ねのかたすくに》に行きたいと泣き叫ぶばかりでした。

スサノオは、**黄泉国**から戻ったイザナギがひとりで行った禊から発生した神ですが、ここでいう「母」とは、**イザナミ**のことだと考えられています。また、「根之堅州国」については、**黄泉比良坂**（43ページ参照）の先にある地下の死者の世界だとされます。ただし、この根之堅州国が黄泉国と同じであるかどうかについては、研究者の間でも議論があります。

イザナギは、聞き分けのないスサノオに怒り、追放処分としました。スサノオは、根之堅州国に向かう前に姉のアマテラスに別れを告げようと、**高天原**へ向かいます。

スサノオの高天原訪問

スサノオは荒れすさぶ神です。彼が進むと、大地や海が鳴動しました。その様子を知った高

Point 追放を宣告されたスサノオは、姉アマテラスにあいさつするため、高天原を訪れた。

神話の世界像

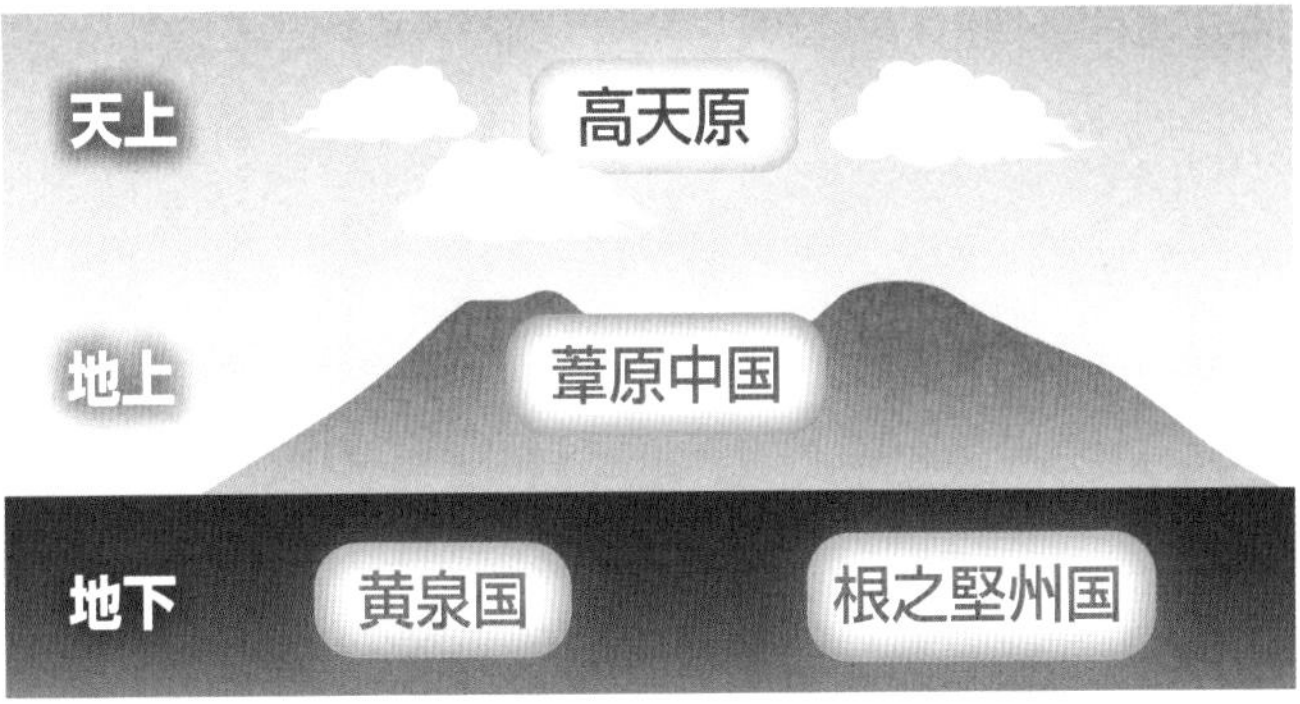

▲一般に『古事記』の神話の世界は、天上界である「高天原」、地上界である「葦原中国」、そして地下の死者の世界から成ると考えられており、「黄泉国」「根之堅州国」は地下に相当するとされる。ただし、古代文学研究者の神野志隆光は、『古事記』のテキストを丹念に分析し、「黄泉国」が地下としては書かれていないことを指摘している。また神野志によると、「黄泉国」はイザナミが死後に行った場所ではあるが、普通の人間が死後に行く冥界ではないという。

天原のアマテラスは、「弟が、高天原を奪いにきた」と思い、男装したうえで完全武装して、弟を迎え撃つ準備をしました。

到着したスサノオは「何をしにきたのか」と問われ、「叛《そむ》く心などはなく、母に会いに根之堅州国に行く前に、姉にあいさつしたい」と訴えます。しかし、まだ疑っているアマテラスは、それが事実であることを証明してみせるよう要求しました。そこでスサノオは、自分の清い心を示すため、**誓約《うけい》**の儀式を行うことを提案します。

誓約とは、神に誓いを立てたうえで、起こった現象を見て神意を判断する、占いの一種です。ここでアマテラスとスサノオが行った誓約が、人間の行う誓約の原型になったと考えることができます。

姉弟の誓約

スサノオとアマテラスは、**天《あめ》の安河《やすかわ》**という川をはさんで、誓約を行いました。

まずアマテラスが、スサノオの長剣を3つに折って、**天《あめ》の真名井《まない》**と呼ばれる聖なる井戸の水ですすぎ、それを噛《か》み砕いて吐き出しました。そのとき、霧のような息の中から、3柱の女神が生まれました。

次にスサノオが、アマテラスの髪飾りや装身具についていた玉を5つ受け取り、順に噛み砕いて吐き出すと、息から生じた霧の中から、合計5柱の神が生まれました。

アマテラスは、スサノオの剣から生まれた3柱の女神はスサノオの子であり、アマテラスの玉から生まれた5柱の男神はアマテラスの子だといいました。するとスサノオは、「自分の剣から生まれたのは優しげな女神たちばかりなので、自分の清らかな心が証明された」と、一方的に勝利宣言をしたのでした。

ちなみに、スサノオの剣から生まれた女神は**タキリビメ**、**イチキシマヒメ**、**タギツヒメ**といって、**宗像三女神《むなかたさんじょしん》**と総称されます。この3柱はアマテラスの命で**玄界灘《げんかいなだ》**に降《お》り、海の守護神となりました。福岡県の**宗像大社《むなかたたいしゃ》**や、広島県の**厳島神社《いつくしまじんじゃ》**に祀られています。

度を超えた狼藉

誓約で身の潔白《けっぱく》が証明されたとするスサノオ

Point スサノオは、アマテラスとの「誓約」のあと、高天原で狼藉をはたらき、姉を困らせた。

姉弟の誓約

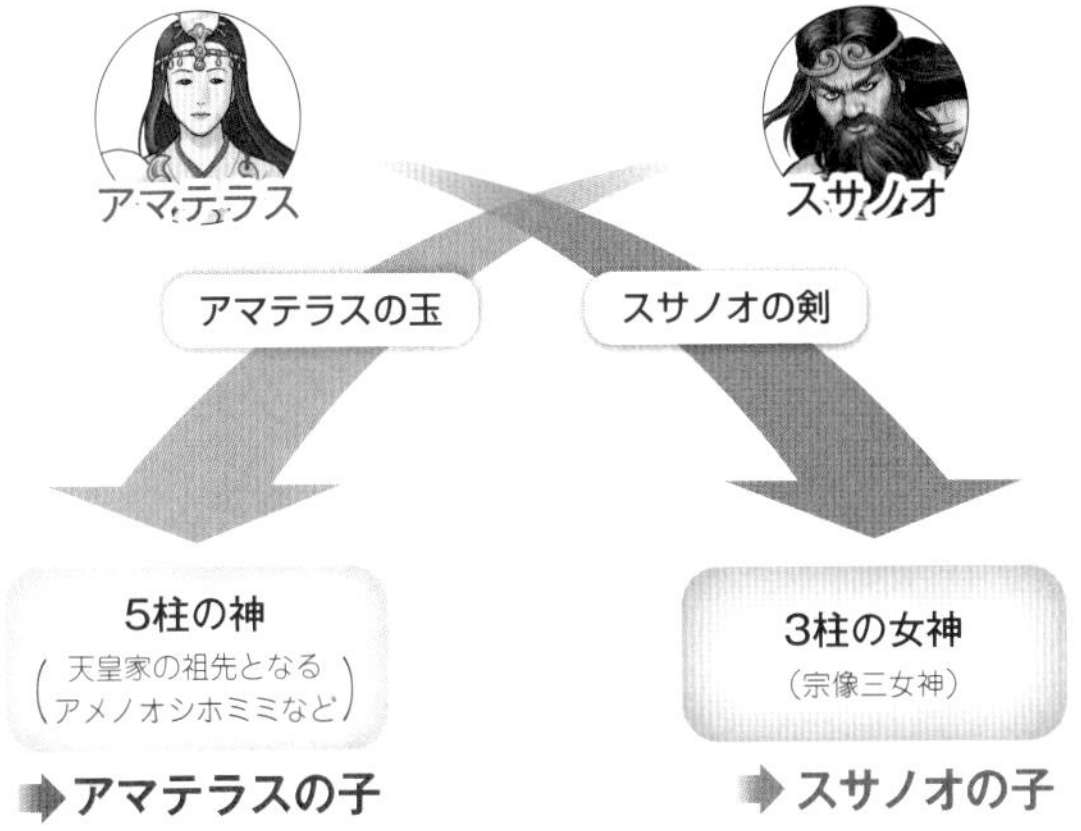

▲「誓約」を行う際、本来、「どのような結果が出たらどう解釈するか」を先に決めておく必要があるのだが、『古事記』のアマテラスとスサノオは、何も決めぬまま「誓約」を行い、結果をスサノオが一方的に解釈した。

は、目に余る行動を取りはじめました。田の畦《あぜ》を壊し、灌漑《かんがい》用の溝を埋め、アマテラスが神事《しんじ》を行う御殿に糞尿《ふんにょう》を撒《ま》き散らすなど、やりたい放題です。それでもアマテラスは、スサノオの行動を好意的にとらえ、弟に悪気はなかったと、かばってやるのでした。

しかしあるときスサノオは、アマテラスの指示で女たちが働いている機織《はたお》り場に、皮を剥《は》いだ馬を投げ入れました。驚いたひとりの機織り女が、機織りに使う杼《ひ》という道具で陰部を突き、死んでしまいます。さすがのアマテラスも、我慢の限界でした。『日本書紀』におけるスサノオの誓約や狼《ろう》藉《ぜき》の話は、細部に違いがあるものの、大筋ではほぼ『古事記』と同じです。

天の岩戸開き

光を取り戻せ！ 神様たちの大作戦

Keywords
・鏡
・勾玉
・祝詞

隠れたアマテラス

スサノオのあまりの狼藉に怒り悲しんだ**アマテラス**は、**天《あめ》の岩戸《いわと》**（「天の岩屋《いわや》」「天の岩屋《いわや》戸《と》」とも）という洞窟《どうくつ》に籠《こ》もってしまいます。すると、**高天原**と地上界は暗闇に包まれ、天災や病に悩まされるようになりました。

困った神様たちは、聡明な神**オモイカネノカミ**を中心として、アマテラスを岩戸から誘い出すために一計を案じました。

まず、大きな**鏡**や、**勾玉《まがたま》**という玉の飾りなどをつけた神具《しんぐ》を**アメノフトダマノミコト**がもち、**アメノコヤネノミコト**が**祝詞《のりと》**（祈りの言葉）を捧げて、アマテラスの魂を鎮《しず》めるための儀式を行います。そして、岩戸の前で盛大な宴を始めたのです。

神々のチームプレイ

宴では、**アメノウズメノミコト**という女神が、岩屋の前で踊りました。衣装がはだけて半裸になるほどの激しい踊りに、神様たちは、高天原を揺るがすほど熱狂しました。

アマテラスは、自分のいない暗闇の世界で何

Point アマテラスが天の岩戸に隠れたが、オモイカネやアメノウズメらによって誘い出された。

アマテラス誘い出し作戦

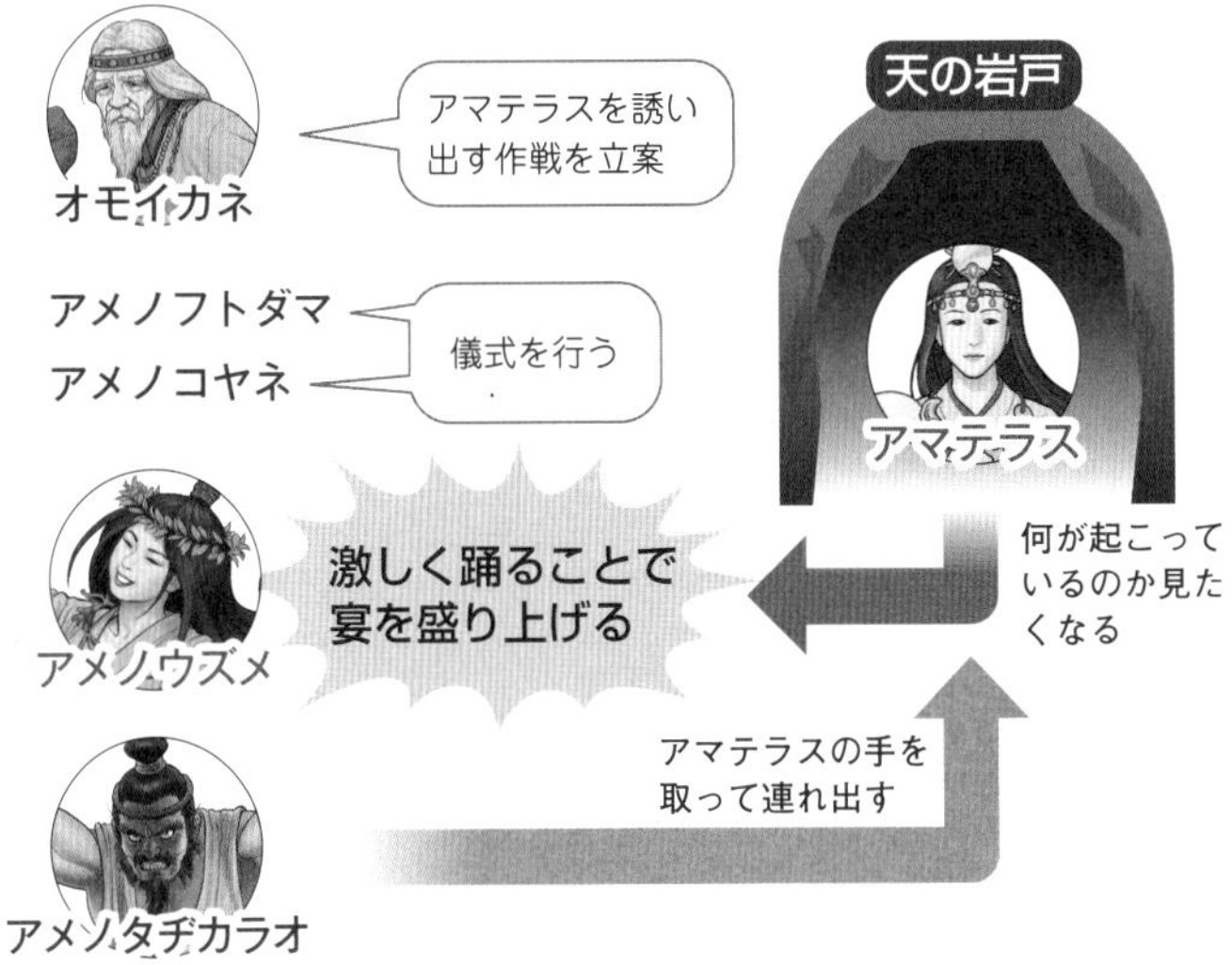

▲神々の連係プレーで、太陽神アマテラスが再び世界を照らすようになった。

が楽しいのかと、岩戸から顔だけを出して尋ねました。すると、「あなたより貴い神が現れたのを喜んでいるのです」と返答され、鏡を差し出されます。

鏡にはアマテラスが映りましたが、それが自分だと気づかないアマテラスは、もっとよく見ようと岩戸から身を乗り出しました。そのとき、隠れていた力自慢の**アメノタヂカラオノカミ**が、アマテラスを引っぱり出したのです。岩屋の入り口には**注連縄**《しめなわ》（228ページ参照）が張られ、アマテラスは中へ戻ることもできません。こうして世界に光が戻りました。

日食《にっしょく》を思わせるアマテラスの岩戸隠れは、世界各地に見られる、太陽を神格化した**太陽神話**の一種と考えられています。

ヤマタノオロチ退治

追放された神は地上で英雄となる

Keywords

・葦原中国
・出雲国
・ヤマタノオロチ

蛇の怪物との戦い

天の岩戸騒動の原因を作った**スサノオノミコト**は、**高天原**から追放されました。彼は、**葦原《あしはらの》中国《なかつくに》**と呼ばれる地上世界に向かい、**出雲国**（島根県）に流れる**肥河《ひのかわ》**（斐《ひ》伊《い》川《かわ》）の近くに降り立ちます。そこで、地上に住む神様である**アシナヅチ**、**テナヅチ**という老夫婦と、その美しい娘**クシナダヒメ**に出会いました。

老夫婦には、もともと8人の娘がいたといいます。しかし、**ヤマタノオロチ**という蛇の怪物がやってきて、毎年ひとりずつ娘を喰《く》い、最後のクシナダヒメもまもなく喰われるのだと、アシナヅチは涙ながらに語りました。

美しいクシナダヒメに惹《ひ》かれたスサノオは、自分の高貴な出自を明かし、娘を嫁にもらえるならば怪物を退治しようと約束しました。

ヤマタノオロチは、8つの頭と尾をもつ化け物です。目はほおずきのように赤く、腹は血がにじんでただれ、8つの谷と丘に届くほど長い体には樹木が生えています。

スサノオはこの怪物を、8つの甕《かめ》に入れた強い酒で誘い、酒を飲んで眠り込んだ8つの首を叩き斬りました。噴き出す怪物の血潮《ちしお》に、川が赤く染まるほどでした。

Point 地上に降りたスサノオは、地上の神の願いを聞き、怪物ヤマタノオロチを退治した。

スサノオとクシナダヒメ

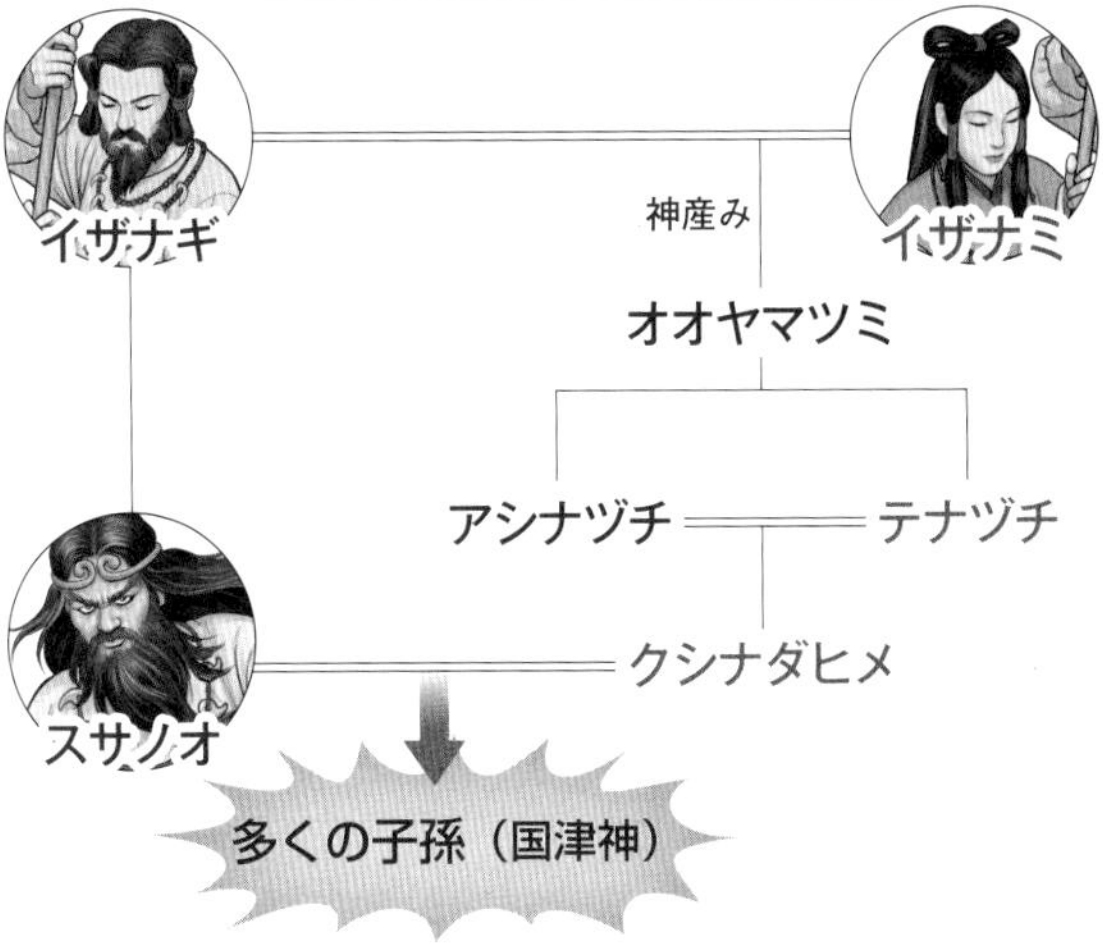

▲地上に降りたスサノオは、地上の神様と交わり、多くの子孫（土地に根づいた「国津神」）を残すことになる。

神話に込められた意味

怪物ヤマタノオロチのルーツは、島根県の斐伊川にあると考えられています。分岐して蛇のようにうねる川の流域は鉄の産地で、川の水も鉄分を多く含んで赤かったことが、「赤い腹」や「血で染められた赤い川」と符合します。

また、クシナダヒメの名前は『古事記』では「櫛名田」、『日本書紀』では「奇稲田」（奇妙なほどよく実る稲田）です。つまり、この娘は**田の象徴**です。ヤマタノオロチが娘を喰うという話は、**川の氾濫《はんらん》により稲の収穫が大きなダメージを受けること**を示していたと理解できるのです。

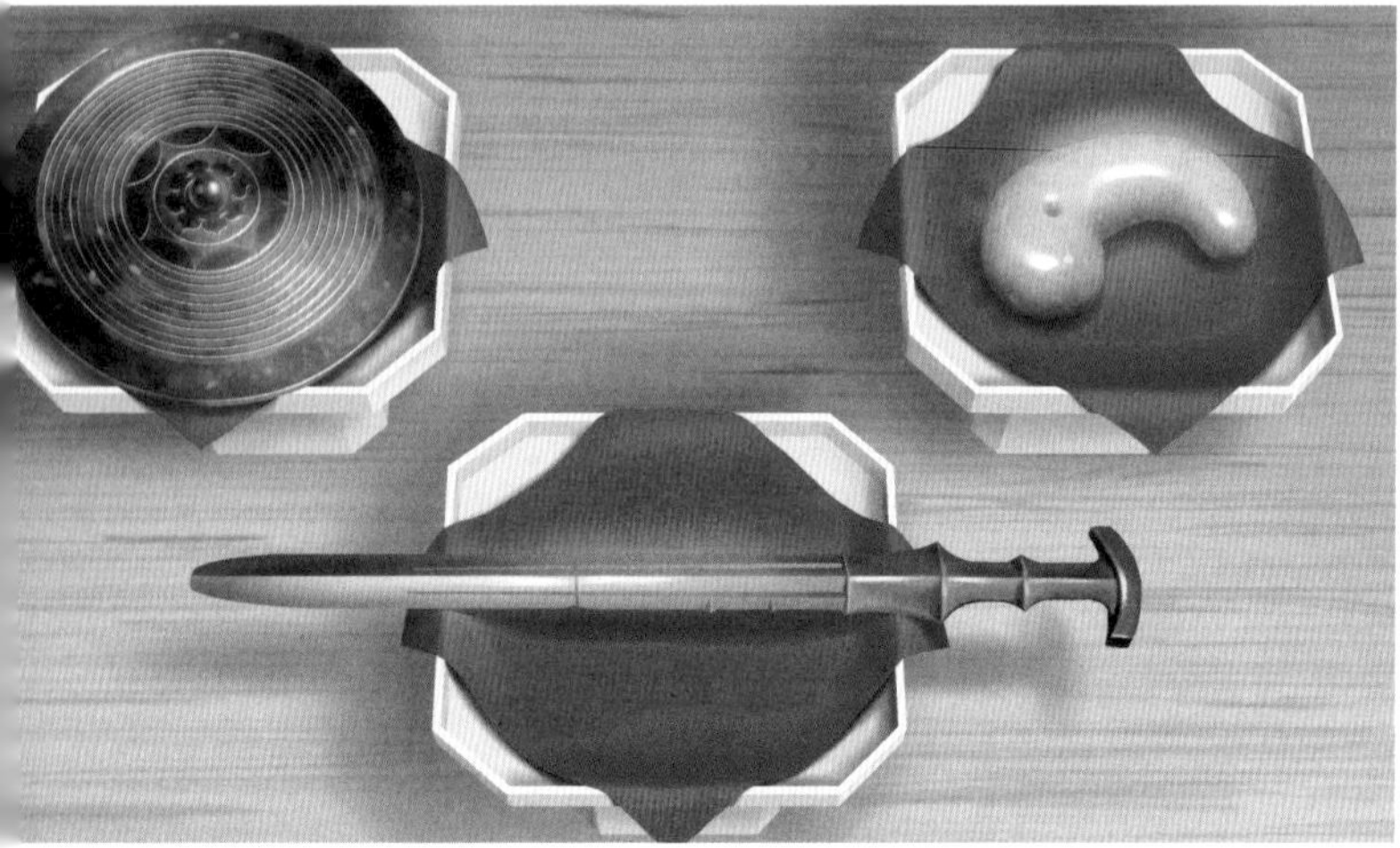

▲「三種の神器」のイメージ。左上が「八咫鏡」、右上が「八尺瓊の曲玉」、下が「草薙剣」。

スサノオのヤマタノオロチ退治の神話は、川の氾濫に苦しんだ人々が、暴れ川を整備して稲田を守り、稲の収穫を安定させようとした努力を反映したものだと考えられています。

草薙剣と三種の神器

ヤマタノオロチ退治に成功したスサノオは、怪物の尾の中から、一本の見事な剣を発見しました。そして、その神秘的な剣を、高天原の**アマテラス**に献上《けんじょう》します。

この剣は、のちに**草薙剣**《くさなぎのつるぎ》と呼ばれることになる剣で、別名を**天叢雲剣**《あめのむらくものつるぎ》といいます。天皇家のシンボル**三種の神器**《じんぎ》のひとつであり、現在も愛知県の**熱田神宮**《あつたじんぐう》に祀られています。

Point スサノオはクシナダヒメと結ばれ、その子孫が出雲国で繁栄した。

三種の神器としてはほかに、**八咫鏡**《やたのかがみ》と**八尺瓊の曲玉**《やさかにのまがたま》（**勾玉**）があります。天の岩戸の場面で登場した鏡と勾玉が、これに当たると考えられています。現在、八咫鏡は三重県の**伊勢神宮**《いせじんぐう》の内宮《ないくう》に、八尺瓊の曲玉は**皇居**の中の剣璽《けんじ》の間《ま》に祀られています。

スサノオの子孫が繁栄する

さてスサノオは、クシナダヒメを妻に迎えて暮らすための場所を探して出雲を歩き回り、ある場所ですがすがしい気分になったので、そこに宮殿を建てます。その地は「すがすがしい」にちなんで「須賀《すが》」と名づけられました（現在の島根県雲南市《うんなんし》大東町《だいとうちょう》須賀）。

宮殿が完成すると、その上に美しい雲が立ちました。それを見たスサノオが詠《よ》んだという次の歌は、**日本で最初の和歌**とされます。

「八雲《やくも》立つ出雲八重垣《やえがき》　妻籠《つまご》みに八重垣作るその八重垣を」（出雲国を雲が取り巻いているように、妻とともに暮らすために何重もの垣根に囲われた宮を作った、という意味）

スサノオは、クシナダヒメとの間に男神**ヤシマジヌミ**をもうけたのを皮切りに、多くの子孫に恵まれます。出雲には、スサノオの子孫の神が大勢暮らすことになるのでした。

そして、スサノオから数えて6代目の子孫が、次のページから活躍する**オオナムチ**、のちの**オオクニヌシ**です（ただし『日本書紀』では、スサノオとクシナダヒメの子がオオナムチとなっています）。

オオナムチの冒険

スサノオの子孫にして出雲神話の主役

Keywords
・根之堅州国
・スサノオの試練
・葦原中国

因幡の白兎

スサノオの子孫**オオナムチ**には、**八十神**《やそがみ》と呼ばれる多くの異母兄弟がいました。出雲の八十神はあるとき、**稲葉**《いなば》（因幡）**国**《のくに》（鳥取県東部）の美しい女神**ヤガミヒメ**を妻にして支配力を強めたいと考え、われ先にと求婚の旅に出発します。弟のオオナムチは従者として、女神への贈り物を運ばされました。

八十神は途中で、皮を丸剝《まるは》ぎにされて泣いている兎《うさぎ》に出会います。この兎は、ワニザメをだました仕返しに皮を剝がれたのでした。

八十神は兎に、「海水を浴びて風に当たれば治る」と嘘を教えました。騙《だま》された兎はさらなる激痛に苦しみます。そこへ、一行の最後尾として、オオナムチがやってきました。

気の毒に思ったオオナムチは、体を真水で洗い、蒲《がま》の穂の花粉を体にまぶせばよいと兎に教えます。その指示に従うと、兎にはもとどおりの白い毛が生えてきました。白兎は親切なオオナムチに、「ヤガミヒメが結婚相手に選ぶのはあなたです」と告げたのでした。

兎の予言どおり、ヤガミヒメは八十神の求婚を断り、オオナムチと結婚すると宣言しました。八十神はオオナムチを恨み、その命を狙います。

Point スサノオの子孫オオナムチは、異母兄弟から迫害され、根之堅州国のスサノオのもとへ。

オオナムチ周辺関係図

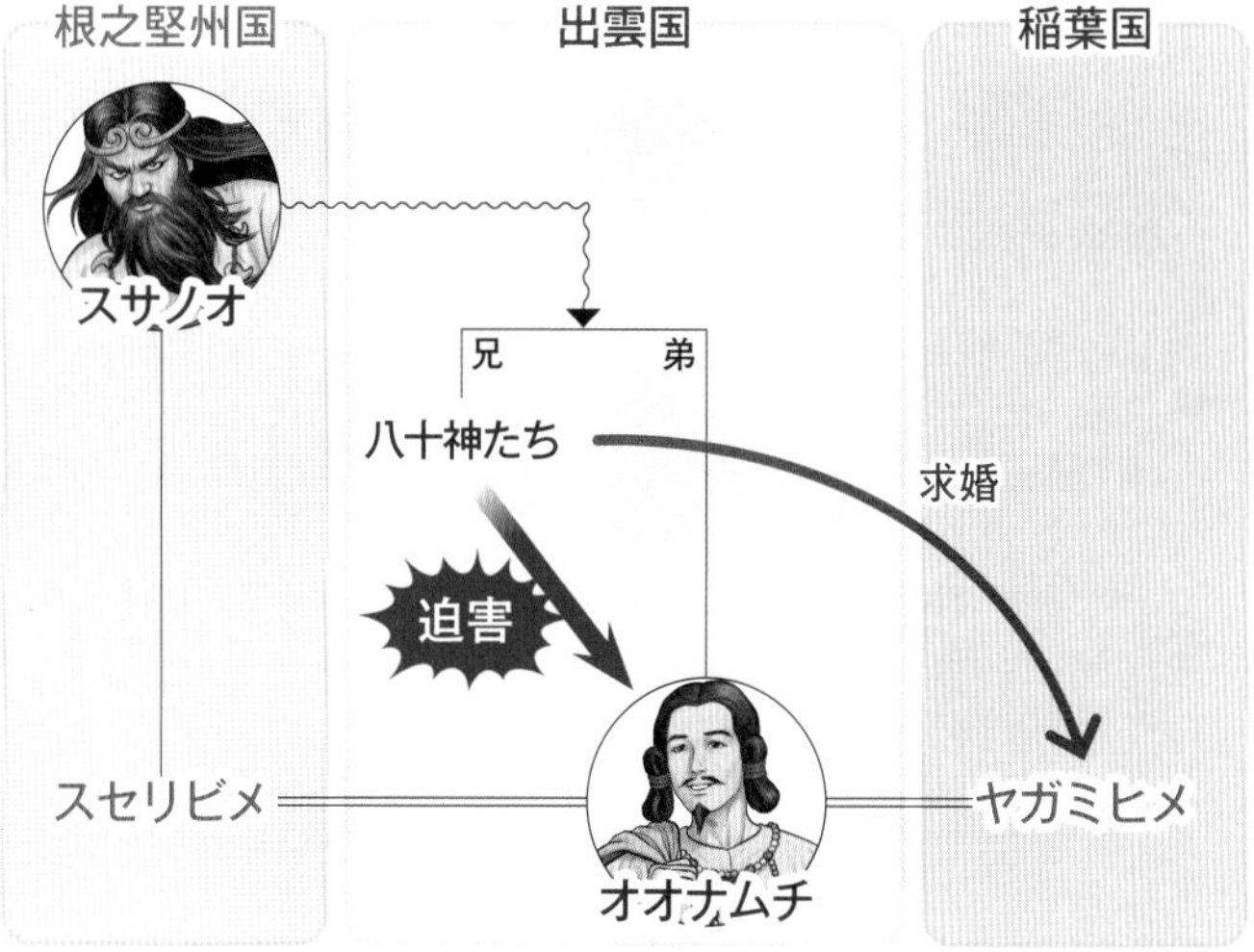

▲スサノオは須賀の地に宮殿を建てて住んでいたはずだが、この時点では「根之堅州国」にいることになっている。

八十神による壮絶な迫害

そしてオオナムチは、八十神に殺されてしまいました。しかも2度もです。1度目は、真っ赤に焼けた大石に押しつぶされ、2度目は、誘い込まれた木の裂け目ではさまれたのです。しかしそのたびに、母神の**サシクニワカヒメ**が、**別天津神**の**カミムスビ**（34ページ参照）の助けを請《こ》い、息子を生き返らせたのでした。

オオナムチは、母の勧《すす》めで**木国**《きのくに》（**紀伊国**）の神**オオヤビコ**のもとへ逃げました。そしてそこへも八十神の手が伸びてくると、オオヤビコの助言に従い、**根之堅州国**にいる**スサノオ**を頼ることにしました。

スサノオの試練を克服

スサノオ

オオナムチ

スサノオ		オオナムチ
試練① 蛇の部屋	→	スセリビメからもらった布を使って切り抜ける
試練② ムカデと蜂の部屋	→	スセリビメからもらった布を使って切り抜ける
試練③ 矢を探させ火責め	→	鼠に助けてもらって矢をもって戻る
試練④ 頭のムカデを取らせる	→	スセリビメから渡された木の実と赤土でムカデを噛み殺したふりをする

▲試練を乗り越えたオオナムチは、スサノオから認められる。

スサノオの試練

根之堅州国を訪ねたオオナムチは、スサノオの娘**スセリビメ**に出会います。ふたりはすぐに恋に落ちました。

しかしスサノオは、オオナムチを娘の結婚相手として認めず、蛇のいる部屋や、ムカデと蜂のいる部屋に泊まらせました。オオナムチは、スセリビメがくれた呪力をもつ布を使って、この試練を切り抜けます。野に放たれた矢をもってこいといわれ、探している最中に焼き殺されそうになったときも、鼠《ねずみ》の助けで穴の中に隠れて窮地《きゅうち》を脱し、矢をもって戻りました。

Point オオナムチはスサノオの試練を乗り越えて、地上の支配者オオクニヌシとなった。

オオナムチからオオクニヌシに

次にスサノオは、頭のシラミを取るようオオナムチに命じます。しかし、スサノオの頭にうじゃうじゃいるのは、シラミではなくムカデでした。ここでまた、スセリビメが機転をきかせ、オオナムチに木の実と赤土を渡します。オオナムチは、噛み砕いた木の実と赤土をともに吐き出し、ムカデを噛み殺すふりをして、スサノオを感心させたのでした。

さすがのスサノオも少し気を許し、居眠りを始めます。それを見るやオオナムチは、屋根を支える垂木《たるき》にスサノオの髪を結び、動けないよう固定しました。そして出入り口を大石で塞ぎ、スサノオの宝の弓矢、大刀、琴をもって、スセリビメと一緒に逃げ出しました。

このとき、琴が木にぶつかり、その音でスサノオは目を覚まします。しかし、垂木に結びつけられた髪をほどき、大石をどけた頃には、若いふたりははるか遠くでした。

ここまでくるとスサノオも、オオナムチの勇気と行動力を認めざるをえません。スサノオはオオナムチに向かって、「お前は八十神を倒し、**葦原中国**を治めよ。**オオクニヌシ**と名のり、スセリビメを正妻として、高天原に届くほどの宮殿を建てて住め」と叫びました。

岳父《がくふ》から認められたオオナムチは、オオクニヌシとして地上界に戻り、異母兄弟の八十神を追放すると、出雲の宇迦《うか》の山に立派な宮殿を作りました。「オオクニヌシ」の名は、「大国主」の字が表すとおり、国土の支配者を意味します。

協力者とともに地上の国を豊かにした

オオクニヌシの国造り

Keywords
・葦原中国
・国造り
・常世国

オオクニヌシの妻と子どもたち

出雲を本拠地として**葦原中国**を治める**オオクニヌシノカミ**には、正妻の**スセリビメ**や、**八十神**の求婚を退けて**オオクニヌシ**を選んだ稲葉の**ヤガミヒメ**など、6人の妻がありました。

これは単にオオクニヌシが女性好きだったということではなく、勢力を広げるため、各地の有力者の娘と婚姻《こんいん》関係を結び、子どもをもうけて各地を統治させようとの狙いもあったと考えられます。『日本書紀』の一書によれば、オオクニヌシは181人の子に恵まれました。

協力者とともに国を作る

オオクニヌシが、**スサノオ**に命じられた**国造**《くにづく》**り**を実行する際、手を貸した神がいました。**造化三神**の1柱**カミムスビ**の息子、**スクナビコナノカミ**です。この神は、ガガイモの実の船に乗って出雲の海にやってきました。とても小さな体でしたが、知恵に富み、豊穣《ほうじょう》をつかさどる神で、『日本書紀』の一書によれば、病をなくすために尽力し、農耕を発展させました。

しかしこの神は、あるとき、海の彼方の**常世**《とこよの》**国**《くに》へと去っていきます。豊かな国を完成させる

Point オオクニヌシはほかの神の協力も得て「国造り」を行い、地上の「葦原中国」を豊かにした。

オオクニヌシと協力者たち

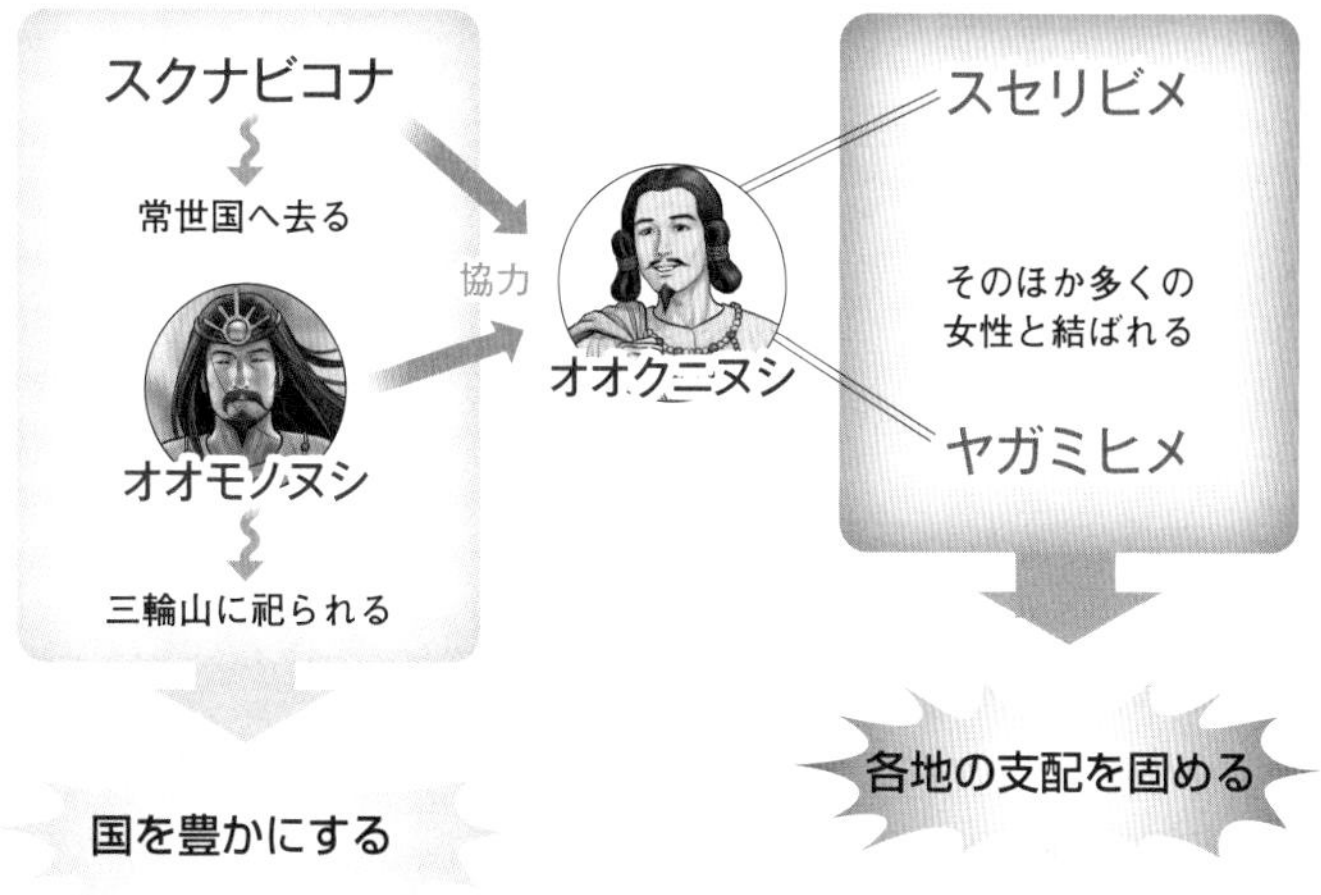

▲スサノオの意を受けたオオクニヌシは、地上の国を豊かに完成させた。

仕事が終わっていない状態で取り残されたオオクニヌシは、途方に暮れました。

そこに今度は、謎めいた神**オオモノヌシノカミ**が現れ、自分を**大和国**《やまとのくに》（奈良県）の東の山に祀るならば、国造りに協力しようといってきます。オオクニヌシがいわれたとおりにすると、豊かな国ができあがったのでした。

オオモノヌシは現在も、奈良県の**三輪山**《みわやま》、**大神神社**《おおみわじんじゃ》の祭神《さいじん》（祀られる神）です。大和のオオモノヌシと出雲のオオクニヌシの接触の背景には、古代大和の勢力（**ヤマト政権**）と、出雲の地方勢力との関係が垣間見《かいまみ》えます。

ちなみに『日本書紀』では、スクナビコナが去ったあと、オオクニヌシがひとりで国造りを完遂《かんすい》したことになっています（１０８ページ参照）。

国津神から天津神への国譲り

オオクニヌシは自ら作った国を手放す

Keywords
・天津神
・国津神
・国譲り

地上は天津神のもの？

『古事記』『日本書紀』の神話（**記紀神話**《ききしんわ》）に登場する神様は、**高天原**に暮らす天上の神々と、地上の**葦原中国**に土着した神々に大別されます。前者を**天津神**《あまつかみ》、後者を**国津神**《くにつかみ》といいます。

葦原中国が豊かに完成されたのを機に、天津神のトップである**アマテラス**は、自分の子孫に地上を統治させようと考えました。天津神から見ると、葦原中国は、**イザナギ**と**イザナミ**の**国産み**以降、天上界の神々の意図で作られたものです。**国造り**を完遂した**オオクニヌシ**も、世代を経て国津神になっているとはいえ、天の系統を継いでいます。だから葦原中国は、アマテラスの子孫が治めるべきだというわけです。

国譲り交渉の成立

アマテラスは、**天の岩戸**で活躍した知恵の神**オモイカネ**らと相談したうえで、オオクニヌシに使者を派遣し、葦原中国を天津神に譲《ゆず》るよう求めることにしました。

ひとりめとふたりめの使者が役に立たなかったのち、雷神の**タケミカヅチノオノカミ**が、出

Point アマテラスはオオクニヌシに使者を送り、国津神から天津神へ国を譲らせた。

国譲りをめぐる交渉

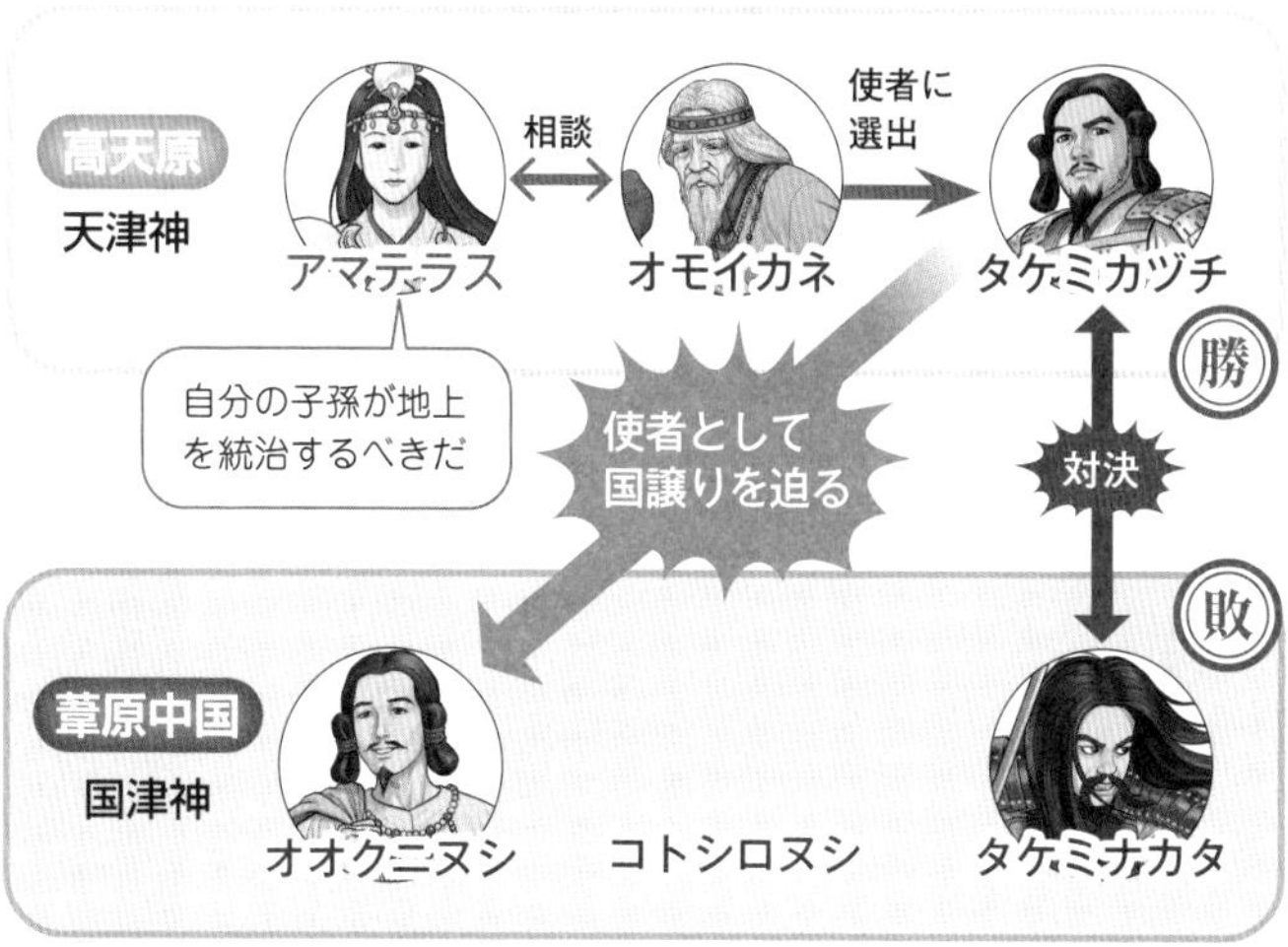

▲オオクニヌシが豊かに作り上げた地上の国は、タケミカヅチとタケミナカタの勝負を経て、天上の神に譲られた。

雲国の稲佐《いなさ》の浜（島根県出雲市大社町《たいしゃまち》）で、オオクニヌシに**国譲り**を迫ります。

オオクニヌシの息子のひとり**コトシロヌシノカミ**は、国譲りを了承します。オオクニヌシのもうひとりの息子**タケミナカタノカミ**は、タケミカヅチに力くらべを挑みましたが、敗北して**信濃国**《しなののくに》（長野県）の**諏訪湖**《すわこ》まで追い詰められ、諏訪にとどまることを誓いました。

オオクニヌシもついに観念し、身を引く条件として、天高くそびえる**杵築**《きづき》**の宮**を建ててもらいました。それが現在の**出雲大社**《いずもたいしゃ》の起こりとされます。

こうして国譲りの交渉が成立し、国津神の住む葦原中国は、天津神の統治下に入ることが決まったのでした。

天孫降臨

アマテラスの孫ニニギが地上に降りてくる

Keywords
・葦原中国
・天の八衢
・高千穂

地上を託されたニニギ

アマテラスは当初、息子の**アメノオシホミミノミコト**に**葦原中国**を統治させたかったのですが、アメノオシホミミは、自分の息子を天下りさせたいと望みました。結果、アマテラスは、その孫**ニニギノミコト**に地上の統治を委ねることにしました。

アマテラスの孫ニニギが、**高天原**から地上に降りる**天孫降臨**《てんそんこうりん》は、記紀神話のクライマックスのひとつです。ニニギの天下りには、**天の岩戸開き**のときに活躍した面々を中心に、多くの神様たちがつき添いました。

またニニギには、地上にもっていくようにと、**鏡**と**勾玉**、**剣**をアマテラスから授けられました。これらが、天皇家によって継承されてきた**三種の神器**だとされています。

サルタビコの案内

いよいよニニギが地上に降りていこうというとき、その先の分かれ道（**天の八衢**《あめのやちまた》）に、高天原と葦原中国の両方を照らす神が立っていました。ニニギ一行の**アメノウズメ**が出ていって、

Point アマテラスの孫ニニギの一行は、サルタビコを先導にして、九州に降り立った。

降臨するニニギの一行

▲「天の八衢」にいたサルタビコという神が、ニニギ一行を地上へと導いた。

何者か尋ねると、その神は**サルタビコノカミ**という国津神であり、ニニギの降臨を知ったうえで、一行の道案内をするために迎えにきたといいます。

このサルタビコを先導に、ニニギ一行はたなびく雲を押し分けて、九州の**高千《たかち》穂《ほ》**の峰《みね》に降臨しました。

ニニギは「これほどよい土地はない」といい、その地に大きな柱を立てます。そして、葦原中国を統治する拠点として、高天原に届かんばかりに高くそびえる壮麗な宮殿を造営したのです。

それからニニギは、アメノウズメに、先導してくれたサルタビコを故郷へ送るよう命じました。サルタビコとアメノウズメは夫婦になったともいわれます。

ニニギの結婚と息子たちの誕生

さてニニギは、笠沙《かささ》の岬でたいへん美しい女神**コノハナサクヤビメ**と出会い、結ばれました。しばらくしてコノハナサクヤビメは、自分が身ごもったことをニニギに報告します。

ところが、ニニギとコノハナサクヤビメはたったひと晩をともにしただけでしたので、ニニギは自分の子どもだとは信じられず、「あなたが以前に関係をもっていた国津神の子だろう」と言い放ちました。

このとんでもない言葉を聞いたコノハナサクヤビメは、「身ごもった子が国津神の子なら、無事に生まれることはないでしょう。あなたの子であれば、無事に誕生するでしょう」と宣言します。そして出入り口のない産屋を建て、粘土で隙間《すきま》を塞いだうえで火を放ち、その中で出産したのです。

驚くべきことに、炎の中での出産は無事に終わり、3人もの息子が生まれました。ニニギとコノハナサクヤビメの3人の息子は、生まれた順に、**ホデリ**、**ホスセリ**、**ホオリ**といいます。3人めのホオリが、別名**アマツヒコヒコホホデミ**といい、初代天皇とされる**神武天皇**《じんむてんのう》の祖父となる神です。

降臨神話に込められた意図

天孫降臨の神話は、「アマテラスが天皇の祖先である**皇祖神**《こうそしん》だ」ということを示すエピソー

Point ニニギは地上でコノハナサクヤビメと結ばれ、のちの天皇家につながる子どもを作った。

天孫降臨の地といわれる場所

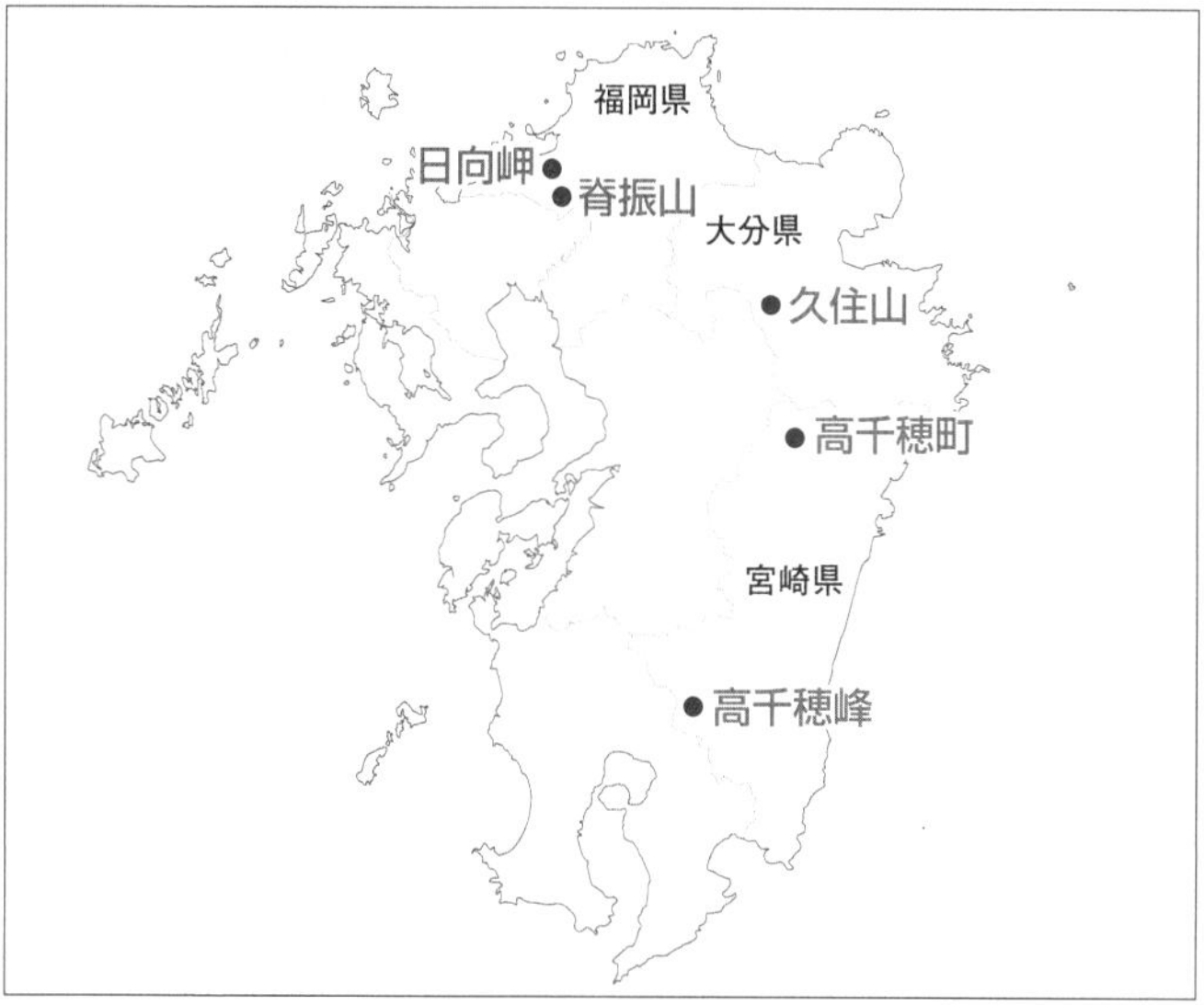

▲ちはやぶる記紀神話研究会編『【図解】古事記と日本書紀』などを参考に作成。ちなみに、ニニギが大和ではなく九州に降臨するように神話が作られたのは、「天皇が九州を統治することの正当性」を主張するために、九州を舞台にした神話が必要だったからではないかと考えられている。

ドであり、「天皇は神の子孫である」とアピールしたい『古事記』にとっては、最も重要な部分です。天皇家の象徴となる三種の神器が出てくるなど、政治的な理由で挿入された事柄も見られます。ニニギに随行《ずいこう》した神様たちも、ヤマト政権を支える豪族たちの先祖とされています。

ちなみに、降臨の場所については、宮崎県西臼杵《にしうすき》郡《ぐん》高千穂町や、鹿児島県との県境にある高千穂峰といった説があり、明確ではありません。現在、両地はそれぞれの伝承や信仰を尊重し合う関係にあります。

海幸彦と山幸彦

弟は海の神の力を得て兄を制圧した

Keywords
・海神
・隼人
・日向三代

釣り針をめぐる兄と弟の諍い

天孫**ニニギ**と**コノハナサクヤビメ**との息子たちのうち、長男の**ホデリ**は海で釣り針を使って漁をして暮らしたので**海幸彦**《うみさちひこ》、三男**ホオリ**は山で弓矢を使って狩りをして暮らしたので**山幸彦**《やまさちひこ》と呼ばれていました。

あるとき、弟の山幸彦が、嫌がる兄の海幸彦を説得し、道具を交換して使ってみました。しかし結果は、お互いに獲物を1匹も仕留められず、しかも弟の山幸彦は、釣り針を海でなくしてしまいます。激怒する兄に対し、弟は自分の剣を砕いて最初は500、次に1000もの釣り針を作って差し出しましたが、兄は、もとの釣り針を返せというばかりです。

困って海辺で泣く山幸彦のホオリ。そこへ、海の潮流をつかさどる**シオツチノカミ**が現れます。その神は、「海神に相談するように」という助言とともに、ホオリを乗せた小舟を、海神の宮殿へ向けて送り出してくれました。

海の宮殿でのホオリ

宮殿に着いたホオリは、海神の娘**トヨタマビ**

Point ホオリは、兄の釣り針をなくしたことがきっかけで、海神ワタツミノカミの娘と結ばれた。

ホデリとホオリのトラブル

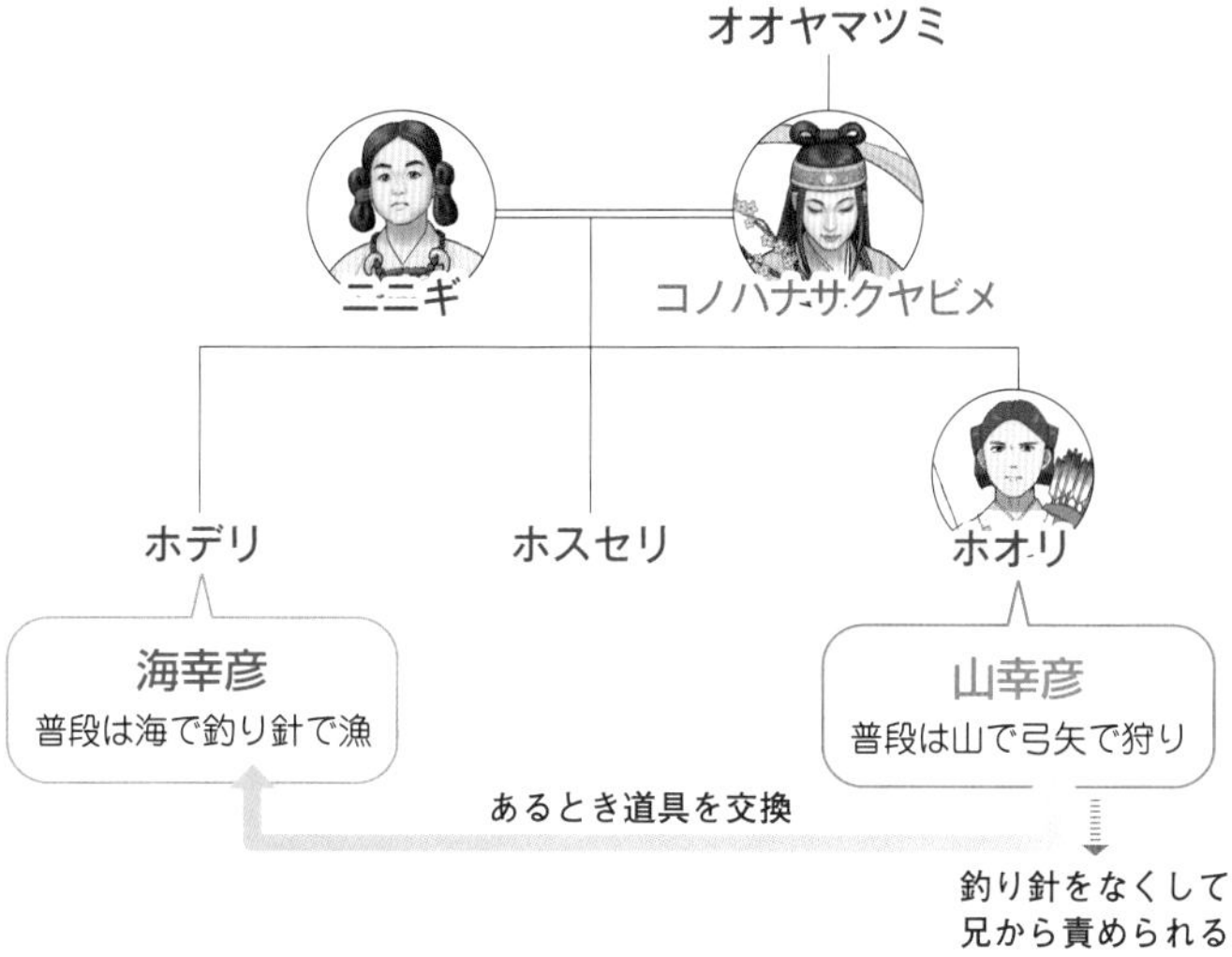

▲ニニギの子であるホデリとホオリの間には、失われた釣り針をめぐって確執が生まれた。

メと、すぐに恋に落ちます。海神**オオワタツミノカミ**は、ホオリが天津神の子だと見抜いて歓迎し、娘を娶《めと》らせました。

　ホオリはそのまま、海の宮殿で、3年の時間をすごします。そしてやっと、兄の釣り針を探しにきたことを思い出し、事情をオオワタツミに打ち明けました。

　海神は、海中の魚を調べて釣り針を見つけ出し、ホオリに渡します。さらに、ホオリを地上に戻す際、兄ホデリを屈服させるまじないを教え、潮の満ち干を操る不思議な宝**潮満珠**《しおみつたま》・**潮干珠**《しおふるたま》を与えました。オオワタツミがまじないを授けてくれた理由は、はっきりと記されてはいませんが、婿が地上での権力闘争を勝ち抜くことを望んだのだと解釈できます。

地上での権力闘争

海から戻った山幸彦ホオリは、海幸彦ホデリに釣り針を返し、同時に、海神から教わったまじないを用います。そのまじないのせいで、ホデリは何をしてもうまくいかなくなり、心がすさんで弟に攻めかかりました。ホオリは海神にもらった潮満珠で兄を溺《おぼ》れさせ、兄が降参すると潮干珠で助けてやりました。こうして兄の海幸彦ホデリを服従させた山幸彦ホオリは、地上を治めることになったのです。

海幸彦ホデリの子孫はのちに、九州南部に住む**隼人**《はやと》という人々の祖となったとされます。この神話の裏には、抵抗する隼人を**ヤマト政権**が屈服させた歴史が垣間見えます。

おとぎ話**「浦島《うらしま》太郎《たろう》」**の原型ともされる「海幸彦と山幸彦」の物語ですが、これと共通の構造をもつ**釣り針喪失譚**《そうしつたん》というタイプの神話は太平洋地域に広く分布しており、そのルーツはインドネシアだといわれています。

見てはならない海の姫の出産

地上の統治者となったホオリのもとに、身ごもった妻トヨタマビメが、海からやってきます。天津神の系譜を継ぐ子を海中で産むことはできないと、地上で出産する覚悟です。

トヨタマビメは出産に際して、分娩《ぶんべん》中の自分の姿を見ないようにホオリに頼みました。

しかし、ホオリは産屋を覗《のぞ》き、ワニザメの姿

Point 地上を支配したホオリは、海神の娘との間に、息子ウガヤフキアエズをもうけた。

海の一族とのつながり

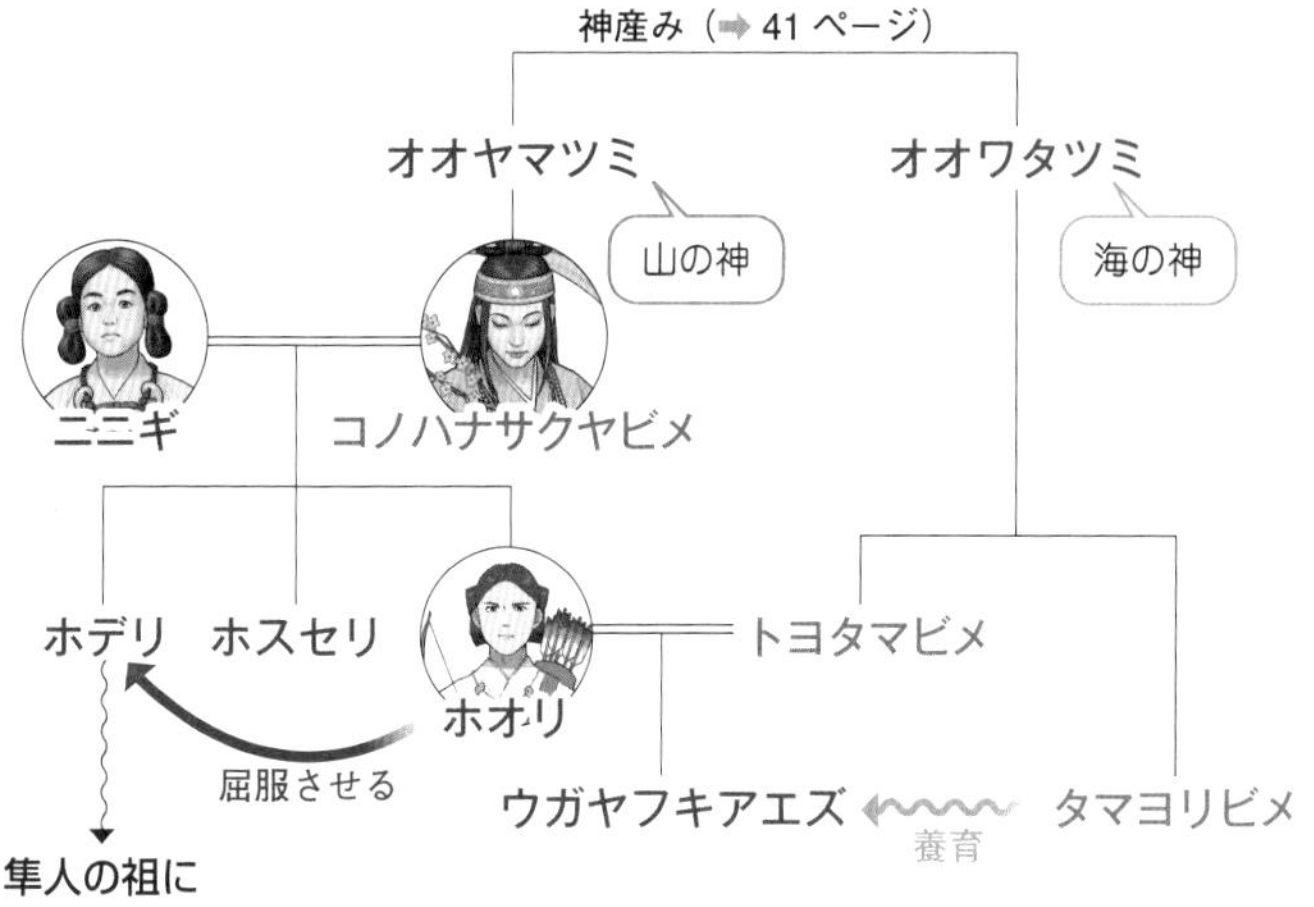

▲天の神（ニニギ）と山の神（オオヤマツミ）の系統を受け継ぐホオリは、海の神の子であるトヨタマビメと結ばれることで、より大きな統治力を手に入れたといえる。

でのたうち回りながら出産する妻を目にして驚きます。本来の姿を見られたトヨタマビメは、生まれた子**ウガヤフキアエズ**を残して、海に戻ってしまいました。

約束を破ったホオリを恨みつつも愛《いと》しく思うトヨタマビメは、夫を想う歌を詠み、それを妹の**タマヨリビメ**に託して地上に送ります。そしてウガヤフキアエズは、このタマヨリビメに養育されました。

天上から降臨したニニギ、子のホオリ、孫のウガヤフキアエズの3代は、**日向国**《ひむかのくに》（宮崎県）で暮らしたことから、**日向三**《ひむかさん》**代**《だい》と呼ばれます。この3世代を通じて、天津神の子孫は国津神を系譜に取り入れ、地上での支配力を強めると同時に、人間に近づいていきました。

神武東征

九州から大和へ攻めのぼった激戦の旅

Keywords
・大和
・熊野
・神武天皇

イワレビコらは九州を出る

ホオリの息子**ウガヤフキアエズ**は、なんと叔母であり養育係だった**タマヨリビメ**と結婚します。ふたりの間に生まれた子どもの中に、**カムヤマトイワレビコ**という男子がいました。

あるとき、イワレビコは兄の**イツセノミコト**と相談し、広く天下を治めるために、九州を出て東へと遠征していくことを決意します。

一行は、**筑紫国**《つくしのくに》（福岡県）を過ぎ、**吉備国**《きびのくに》（岡山県）を通って、各地の**国津神**を服属させながら、東へ侵攻していきました。

太陽を背負って戦え

大和（奈良県）をめざして海路を進んできたイワレビコたちを、大阪湾の白肩津《しらかたのつ》（大阪府東大阪市）という港で待ち受けていたのは、**天津神**の**ニギハヤヒ**に仕える、**登美**《とみ》（奈良県奈良市）の豪族**ナガスネヒコ**の軍勢でした。その猛烈な抵抗で、イワレビコたちは大和へ進むことができません。そしてイツセが、矢による深手を負いました。

ケガをしたイツセは、「太陽神**アマテラス**の子孫たるわれわれは、日のほうに向かうのでは

Point ウガヤフキアエズの子イワレビコは、広く天下を治めるため、大和をめざして進軍した。

イワレビコにつながる系図

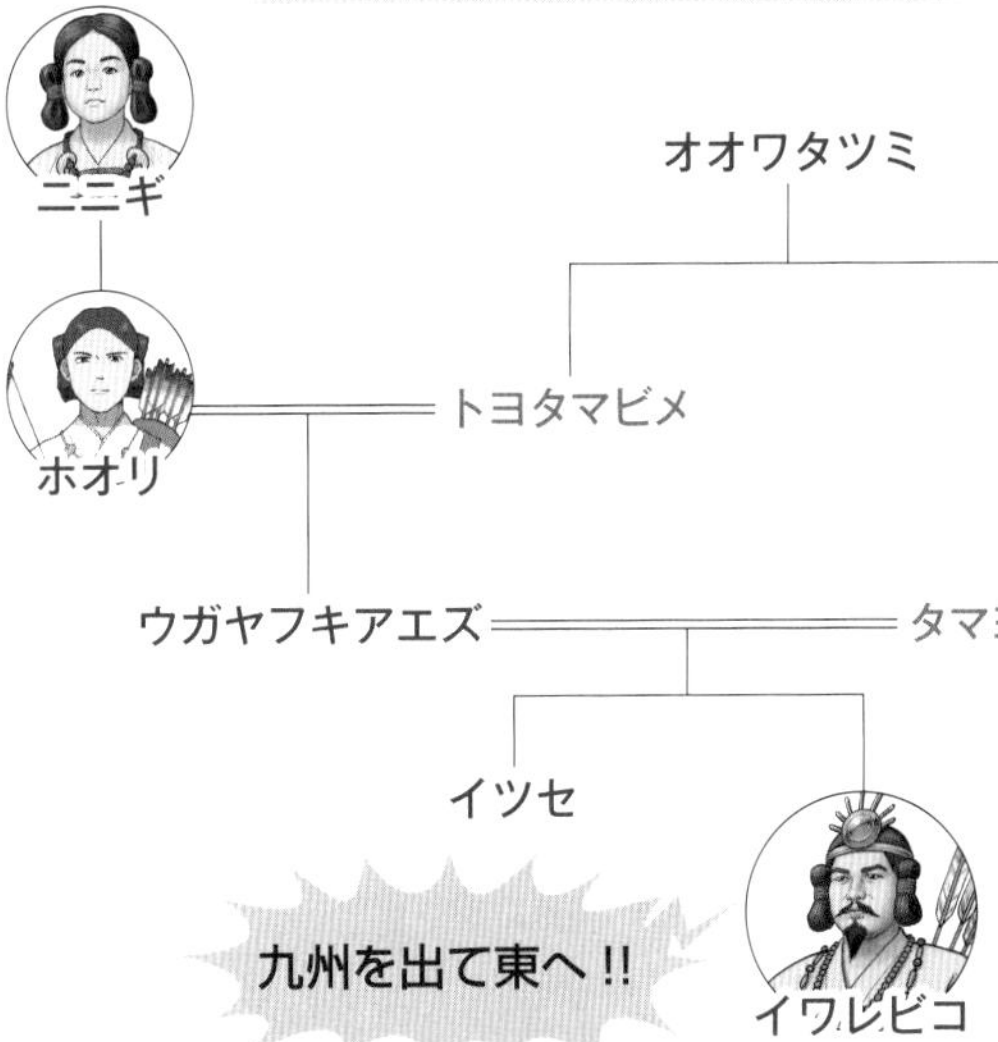

▲イワレビコは兄イツセとともに九州を出て東へ進み、イツセの死後は自ら軍勢を率いた。

なく、日を背負うようにして戦うべきだ」と気づきます。つまり、大和をめざすなら、西から東へ太陽に向かって進むのではなく、いったん大和より東側に回ってから、太陽を背に、光とともに、東から西へ進んで大和に入らなければならない、というわけです。

　そこで、イワレビコ一行は、軍船で紀伊半島の東に迂回《うかい》します。しかし、半島の東側から**紀国**《きのくに》（和歌山県）に上陸しようとしたとき、イツセがついに絶命してしまったのでした。

　兄を失っても、イワレビコは、天下を治めるという目的を捨てるわけにはいきません。軍を率い、大和をめざして進んでいきました。

大和への道

熊野《くまの》（紀伊半島南東部）の地で、イワレビコは、大熊の姿をした荒ぶる神と遭遇し、その強い霊気に苦戦しました。そこに、**天津神**の**タケミカヅチ**（62ページ参照）が、現地の**タカクラジ**という者を介して、霊剣を授けてくれます。その霊剣のおかげで、イワレビコは大熊を討ち取ることができました。

さらに、**造化三神**のひとり**タカミムスビ**（34ページ参照）が、**八咫烏《やたがらす》**という大きなカラスを道案内として遣わしてくれます。天上の神様たちにサポートされたイワレビコは、行く先々の勢力の策略や抵抗にあいつつも、知略や奇策で対抗し、進軍を続けました。

『日本書紀』には、兄イツセを死に追いやった宿敵ナガスネヒコとの再戦も語られています。激闘の中、金色のトビ（**金鵄《きんし》**）がイワレビコの弓に止まり、その鳥が放つ閃光に目がくらんだナガスネヒコの軍は、戦闘能力を失いました。ナガスネヒコはなお抵抗しようとしましたが、その主君たる天津神ニギハヤヒは抵抗を断念し、配下のナガスネヒコを討ってイワレビコに臣従《しんじゅう》したのでした。

初代　神武天皇

長い遠征の末、イワレビコは大和を征服します。そして大和国畝傍《うねび》の**橿原《かしはら》**（奈良県橿原市）に宮殿を築き、天皇に即位したといいます。初

Point　イワレビコは大和を征服し、橿原の地に宮を建てて、初代天皇である神武天皇となった。

神武東征のルート

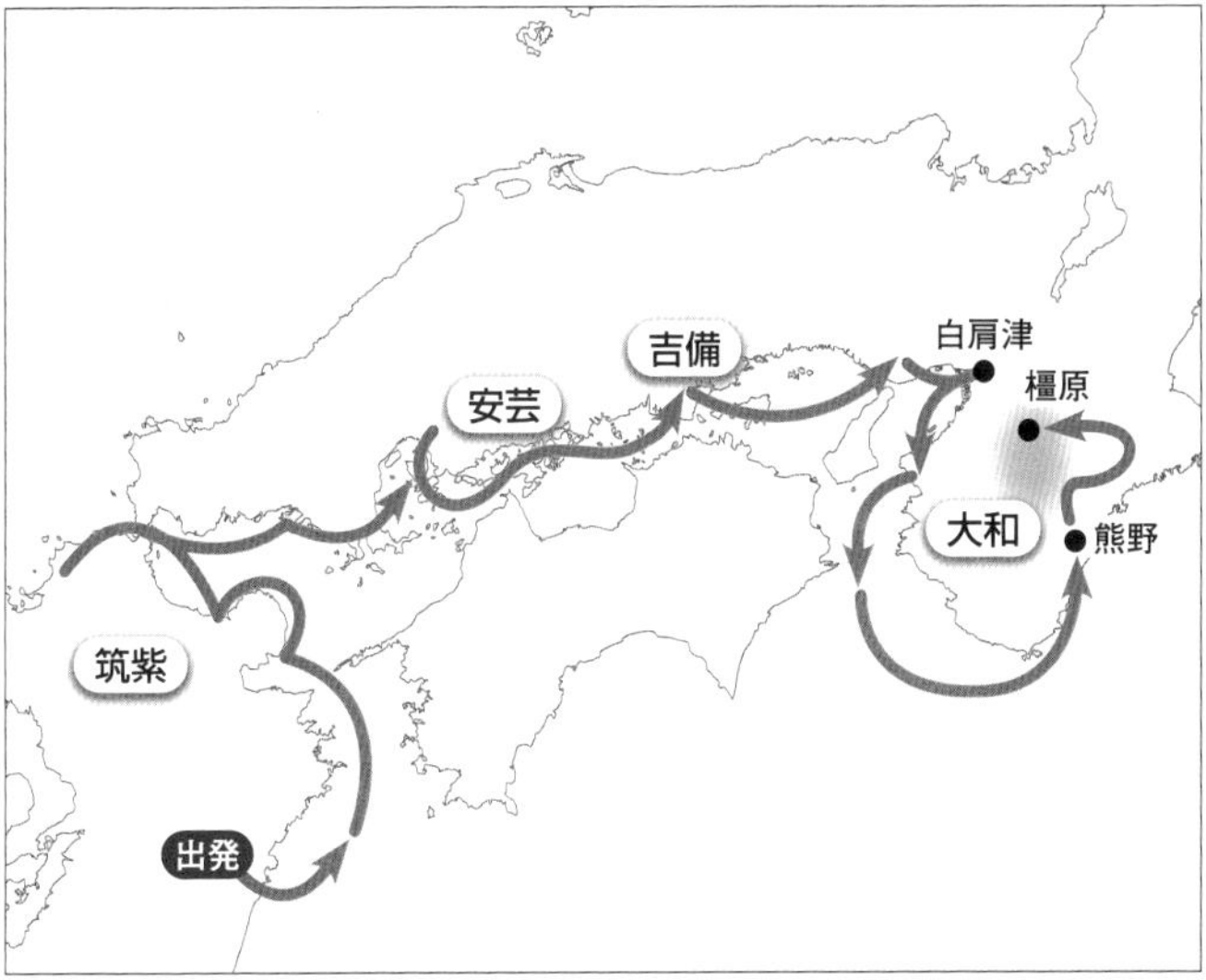

▲井上順孝編著『図解雑学　神道』などを参考に作成。

代の天皇とされる**神武天皇**です。

神武天皇は即位後、大和の神**オオモノヌシ**（61ページ参照）の娘**イスケヨリヒメ**を后《きさき》に迎えました。大和の国津神の娘を妻にしたことは、地元の実力者と結びつき支配を盤石《ばんじゃく》にしたことを意味します。**神武東征**《じんむとうせい》と呼ばれるこの神話は、天津神が地上に降りた**天孫降臨**と、**ヤマト政権**の確立とを結ぶ役割を担っています。「ヤマト政権は、天津神の子孫が国津神を服属させて、大和に開いた政権である」と示されたのです。

ただし、この話にどれほどの歴史的事実が反映されているかについては、研究者の見解も分かれています。神武天皇も、架空の存在だとする説が有力です。

サホヒメの悲劇

愛するのは夫か兄か、究極の選択

Keywords
・皇位継承争い
・欠史八代
・恋愛

人間の物語へ

神武天皇の死後には、皇位継承争いが起きました。謀略《ぼうりゃく》に失敗した皇子の**タギシミミ**を、異母兄弟の**カムヌナカワミミ**が討ち、即位して天下を治めました（**綏靖天皇**《すいぜいてんのう》）。

『古事記』『日本書紀』には、第2代綏靖天皇から第9代**開化天皇**《かいかてんのう》までの系譜以外の事績《じせき》については、ほとんどふれられていません。その期間は**欠史八代**《けっしはちだい》と呼ばれ、それら8人の天皇の実在性も疑問視されています。

記紀の神話は、神様の物語から人間の物語へと移行しますが、興味深いエピソードはまだまだあります。ここからは、神話として面白く重要なところを取り上げていきましょう。

兄への愛、天皇への愛

記紀神話には、切なくドラマチックな恋愛の物語もあります。

第11代**垂仁天皇**《すいにんてんのう》の后**サホヒメ**には、**サホヒコ**という兄がいました。あるときサホヒメは、サホヒコから「夫（垂仁天皇）と兄（サホヒコ）のどちらを愛しいと思うか」と問われ、とっさ

Point 夫である天皇への愛と兄への情に引き裂かれたサホヒメの物語は、神話の中で異彩を放っている。

垂仁天皇に至る流れ

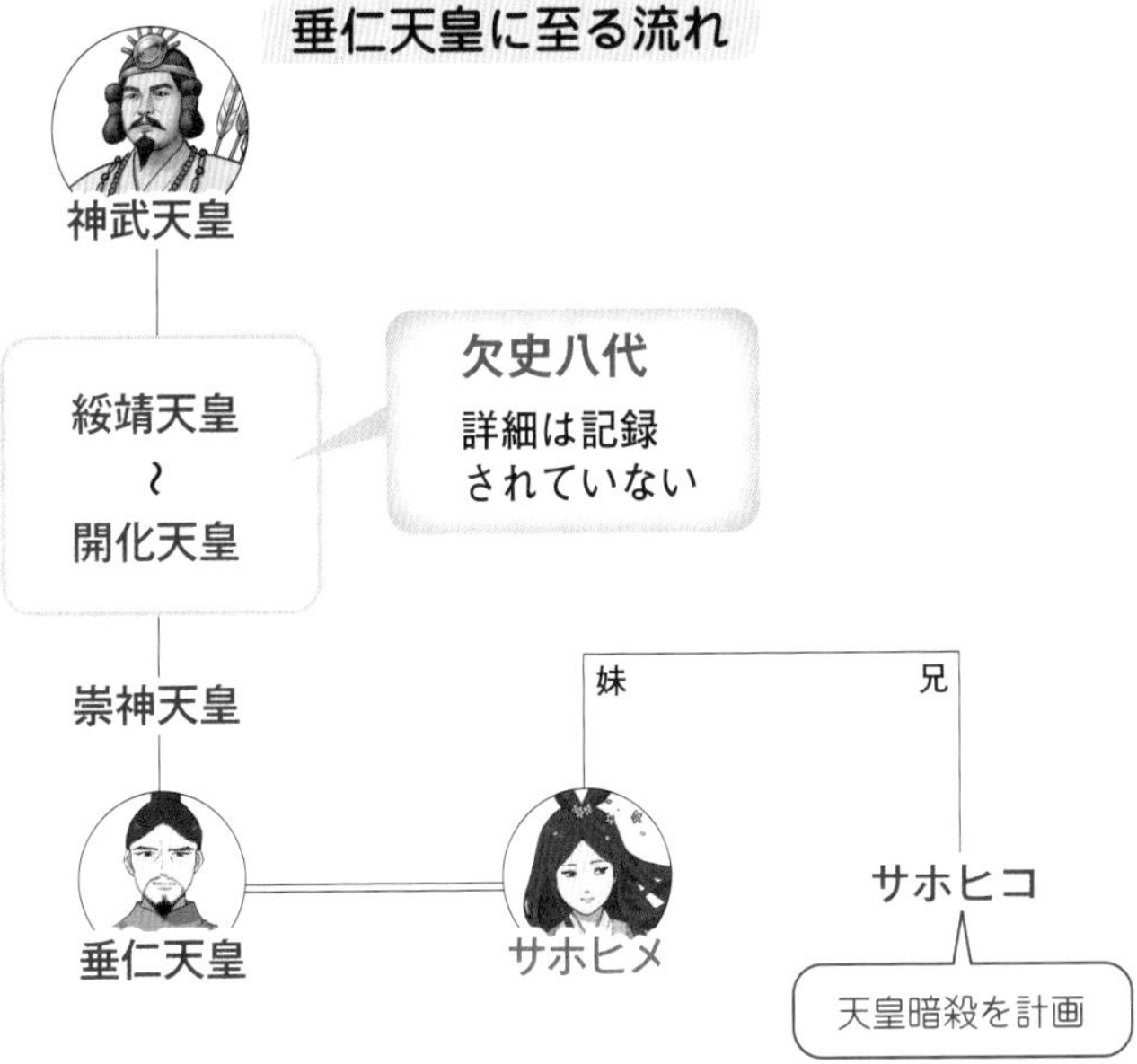

▲初代天皇である神武天皇ののち、くわしい記録が残っていない「欠史八代」を経て、第10代崇神天皇、第11代垂仁天皇に至る。

に、兄のほうが愛しいと答えてしまいます。それを聞いたサホヒコは、ふたりで天下を治めるため、天皇を殺せと妹に命じます。

サホヒメは、夫を殺すことなどできず、垂仁天皇にすべてを告白。天皇はサホヒコに討伐軍《とうばつぐん》を差し向けます。ここでサホヒメは、兄への情を抑《おさ》えきれなくなりました。彼女は天皇の子を宿した身重《みおも》の体で、愛する兄の立て籠もる砦《とりで》へと走ったのです。

砦で子どもを産んだ彼女は、その子だけを天皇に渡しました。そして、夫に別れを告げたのち、討伐軍に討ち取られた兄のあとを追い、炎上する砦の中で命を散らしたのです。

ヤマトタケルの戦い

西へ東へ駆けた記紀神話最大の英雄

Keywords
・朝廷
・伊勢神宮
・草薙剣

父から疎まれた皇子オウス

第12代**景行天皇**《けいこうてんのう》は、多くの夫人に80人もの子どもを産ませたとされます。この天皇があるとき、美しいと評判の姉妹を宮中に召そうとしました。しかし、息子の**オオウス**が、姉妹を横取りして自分の妃《きさき》としてしまいます。そればかりか、オオウスは、天皇の前に姿を現すことすらなくなりました。

天皇は、オオウスの同母弟**オウス**を呼び、兄に教え諭《さと》すよう指示します。しかしオウスは、父が命じた意味を曲解し、なんと、兄のオオウスを殺してしまったのです。

オウスを恐ろしく思った天皇は、彼を遠ざけるための口実として、はるか西への遠征を命じます。**朝廷**《ちょうてい》（天皇を中心とする政権）に従わない九州の土着民**クマソタケル**兄弟を討ってこいというのです。このときオウスは、まだ10代半ばの少年でした。

タケルの名をもらう

オウスは、**伊勢神宮**の**斎宮**《さいぐう》（巫女《みこ》）である叔母**ヤマトヒメ**のもとに立ち寄ったのち、長い旅

Point 景行天皇の子オウスは、九州のクマソタケルを倒し、ヤマトタケルと名のるようになった。

ヤマトタケルの系図

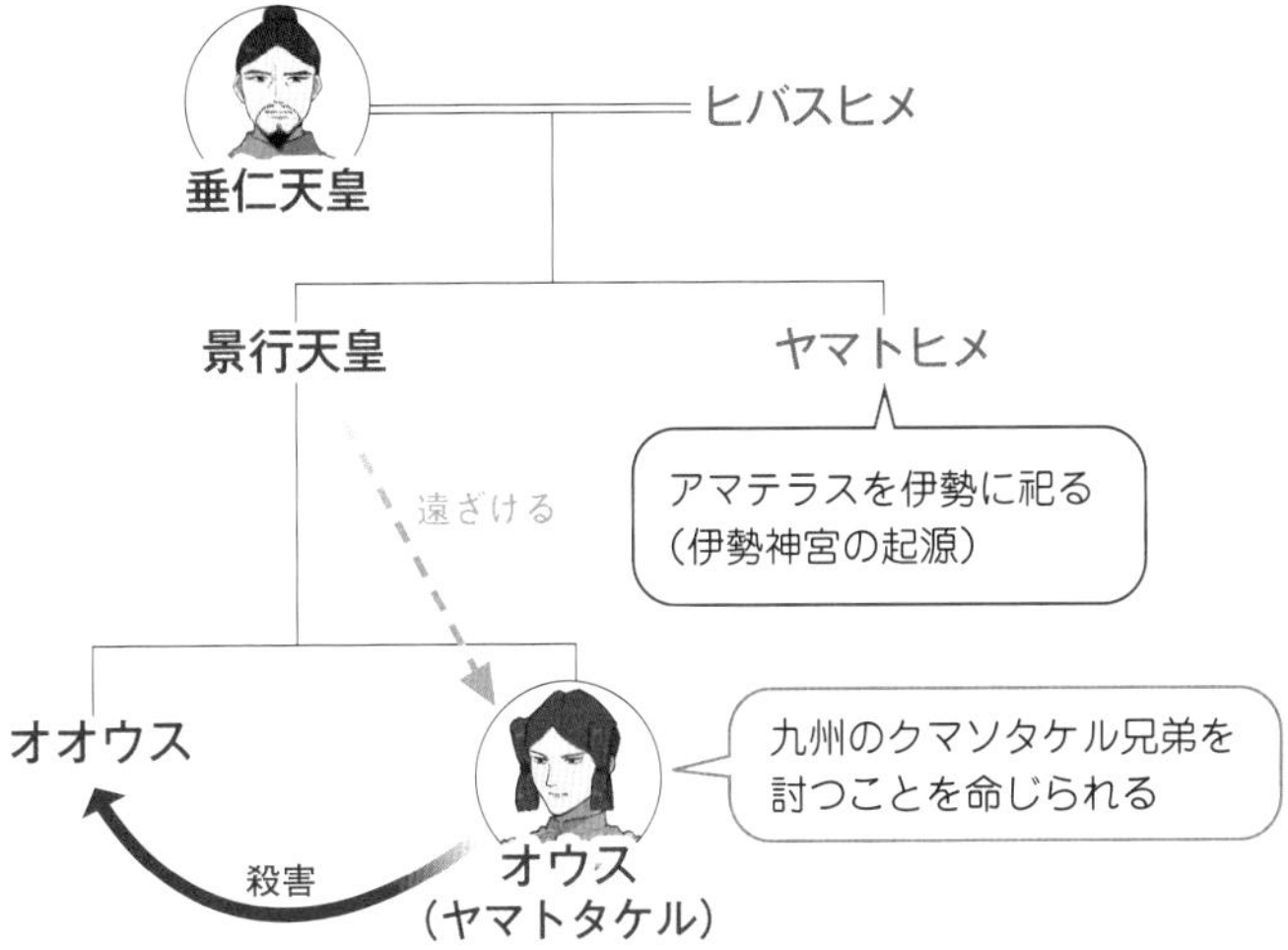

▲オウスは、叔母であり伊勢神宮の斎宮であるヤマトヒメの援助を受けて、九州のクマソタケル襲撃に成功する。

を経て、クマソタケル兄弟の屋敷に到着します。そして、ちょうど新築祝いの宴の準備が行われているのを知ると、ヤマトヒメからもらっていた衣装を身につけて女装し、宴にまぎれ込みました。

　オウスは、自分のことを女と思って油断したクマソタケル兄弟の暗殺に成功。クマソタケル弟は、死の間際、「西にはわれわれよりも強い者はいないが、大和には、われわれに勝る強者がいたのか。私の名前を取って、**ヤマトタケル**と名のるがよい」と言い遺《のこ》しました。

　こうしてオウスは、ヤマトタケルの名を手に入れました。彼はそのあと、出雲でも朝廷に逆らう**イズモタケル**を倒し、役目を終えて大和へ戻っていきました。

東の国々への遠征

ところが景行天皇はすぐさま、今度は東の国々を征服してくるようにと命じます。ヤマトタケルはまた伊勢のヤマトヒメのもとを訪ね、父に疎《うと》まれる悲しみを訴えます。叔母はヤマトタケルに、**草薙剣**と小さい袋を渡し、何かあったとき袋を開けるようにいいました。

心を奮《ふる》い立たせて東国へと向かうヤマトタケル。途中の**尾張国**《おわりのくに》（愛知県）で、現地の豪族の娘**ミヤズヒメ**を見初《みそ》めますが、結婚の約束だけを交わし、まずは土地の凶暴な神々、反抗的な人々の征服に力を尽くします。

国造《くにのみやつこ》（その地を治める長官）に騙され、野の中で火を放たれてピンチに陥《おちい》ったこともあります。そのとき、叔母からもらった袋を開けると、火打ち石が入っていました。そこでヤマトタケルは、草薙剣で自分の周囲の草を刈ったうえで、近くの草に火をつけ、その火の勢いによって、迫りくる火を退けたのです。

走水海《はしりみずのうみ》（東京湾口の浦賀水道）を船で渡る際には、海峡の神の怒りを買い、進路をさえぎられました。しかし、同行していた妃**オトタチバナヒメ**が生《い》け贄《にえ》として海に沈み、神の怒りを鎮めたのでした。

英雄の悲劇的な死

朝廷に従わない東の人々や神々を屈服させたヤマトタケルは、尾張に戻り、約束どおりミヤ

Point ヤマトタケルは東の国々を征服したのち、大和に戻る途中で命を落とした。

ヤマトタケルの東国征服

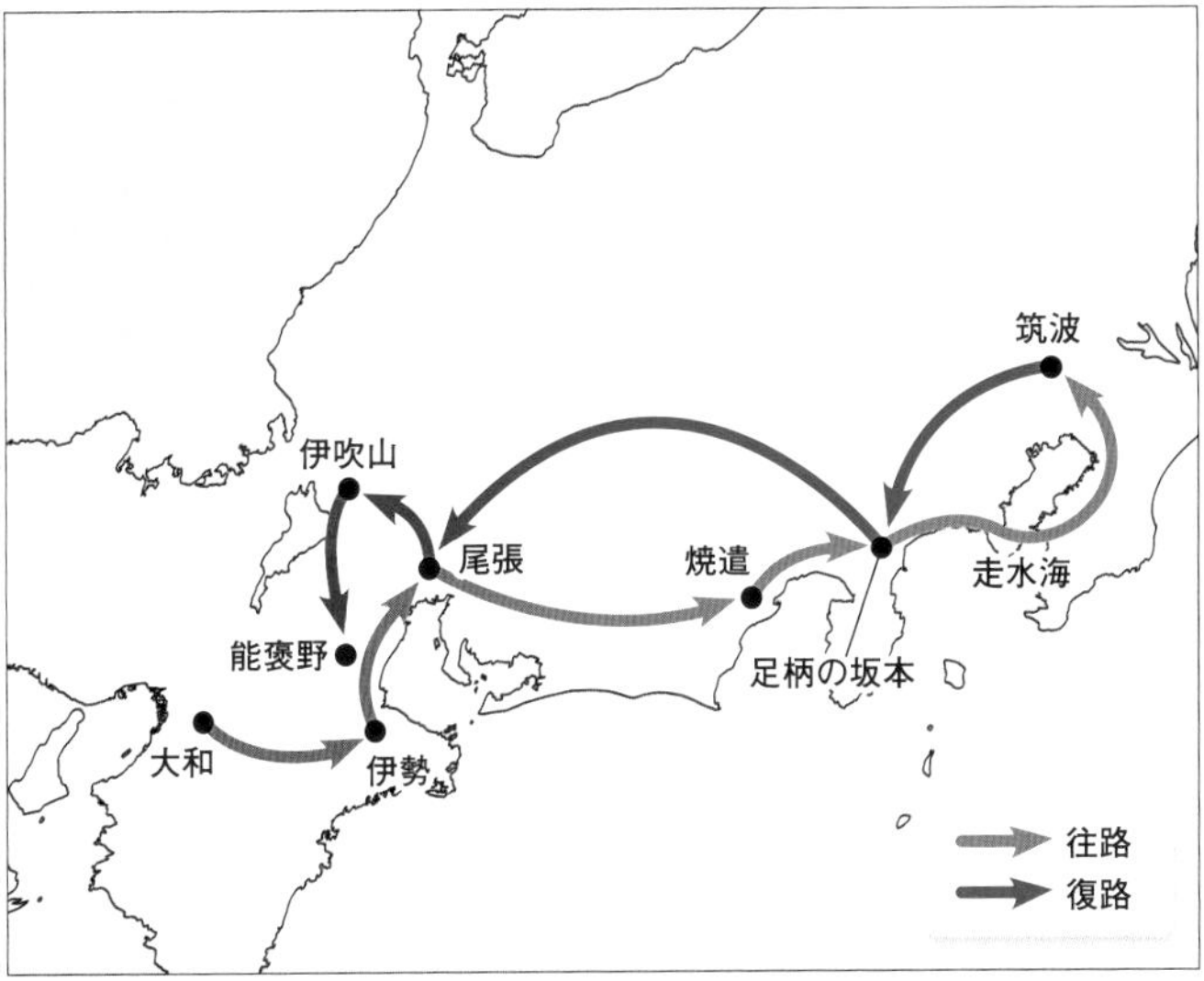

▲井上順孝編著『図解雑学　神道』などを参考に作成。

ズヒメと結ばれました。しかし、彼の運命は悲劇へと傾きます。力を過信したのか、草薙剣ももたずに**伊吹山**《いぶきやま》（滋賀県と岐阜県の境）の神の討伐に出たヤマトタケルは、**白い猪**《いのしし》**に姿を変えた山の神**の祟《たた》りを受け、病気になってしまうのです。

彼は故郷をめざしますが、能褒野《のぼの》（三重県亀山市あたり）まで戻ったところで、力尽き倒れました。いくつもの歌を詠み終えると息絶え、のちに、その霊魂は大きな白鳥になって飛び去っていったということです。

『日本書紀』では、兄を殺して天皇に疎まれるという展開はありませんが、いずれにせよヤマトタケルの神話は、朝廷が勢力範囲を広げた様子を描いています。

戦うヒロイン 神功皇后

神の命を受けて身重の体で海を渡った

Keywords
・新羅
・応神天皇
・「神国」

仲哀天皇の死

第14代**仲哀天皇**《ちゅうあいてんのう》は、英雄**ヤマトタケル**の息子です。彼は九州の土着民**熊襲**《くまそ》を服属させるため、后の**神功皇后**《じんぐうこうごう》を連れて**筑紫国**の香椎宮《かしいのみや》（福岡県福岡市）へおもむきました。

このとき、神功皇后の体に、神が乗り移ります。神の言葉を聞くため琴を弾《ひ》く仲哀天皇に対し、皇后の口からお告げが語られました。

「西のほうにある国があって、金銀をはじめ、まばゆいいろいろな宝が、その国にはたくさんある。私は、その国を服属させて、お前に与えよう」

しかし天皇は、この神を嘘つきとみなし、琴を弾くのをやめてしまいました。なぜなら、高いところから西を見ても、海があるばかりで国など見えなかったからです。

信用されなかった神は激しく怒り、仲哀天皇に死を宣告しました。重臣の**武内宿禰**《たけしうちのすくね》は、仲哀天皇に懇願し、また琴を弾かせますが、やがてその琴の音が途絶えます。見ると、天皇は亡くなってしまっていたのです。

神の怒りを恐れた武内宿禰らは、**大祓**《おおはらえ》と呼ばれる清めの儀式を行ったうえで、もう一度、神が降りてくるのを待ちました。

Point アマテラスの神意にもとづく神託を信じなかった仲哀天皇は、命を失ってしまった。

5世紀の朝鮮半島

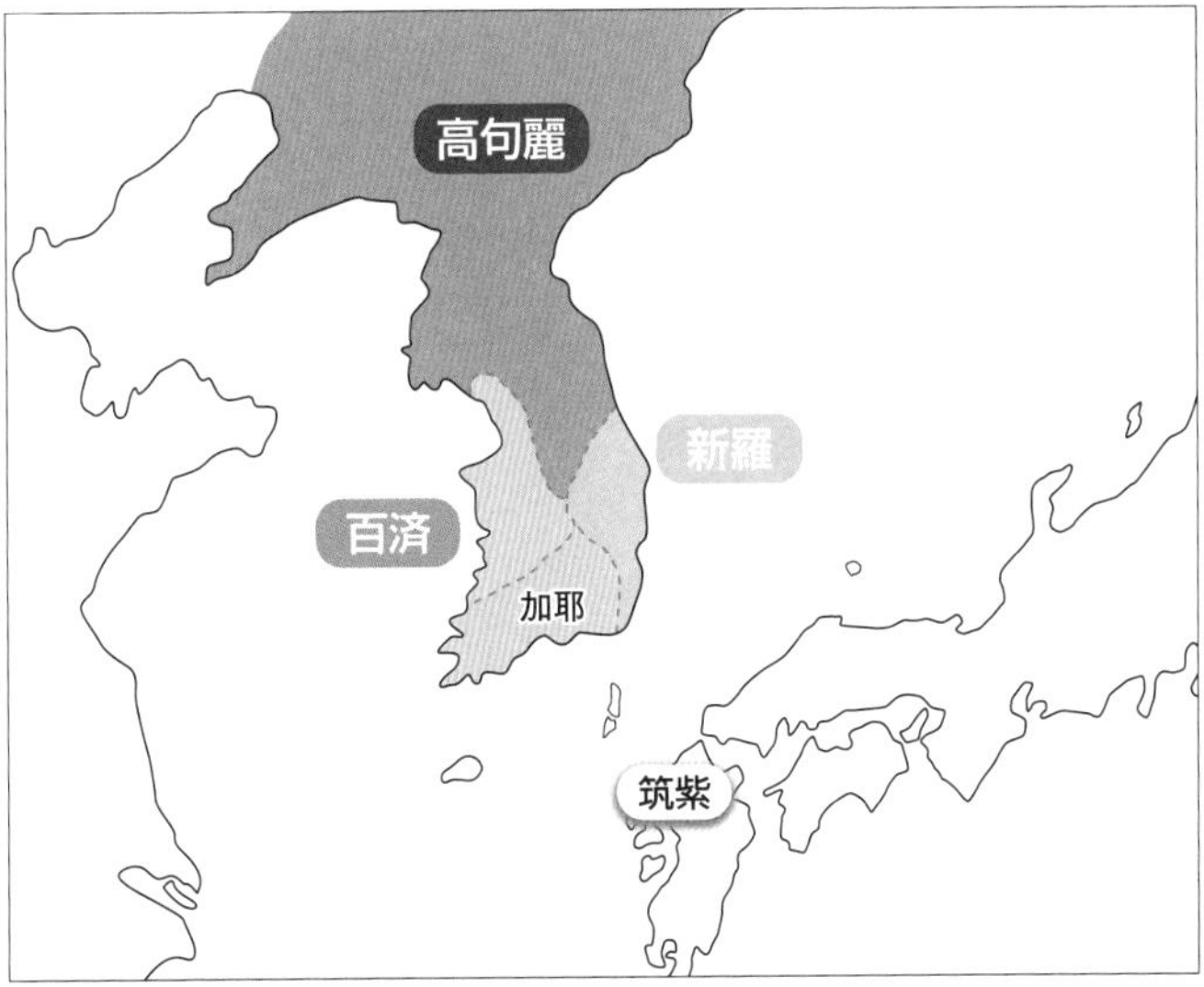

▲神功皇后の時代が何年頃なのかは確定できない。ここには、5世紀の朝鮮半島の情勢を表す地図を示した（新羅、百済は4世紀半ばに成立）。『詳説世界史 改訂版』をもとに作成。

住吉三神の神託

再び、神功皇后に神が乗り移りました。そして神は、神功皇后が妊娠しており、そのお腹の子どもが西の国を治めることになると告げます。

また、この神託《しんたく》（神の言葉）は**アマテラス**の意志によりもたらされたもので、お告げを述べたのは**ソコツツノオ**、**ナカツツノオ**、**ウワツツノオ**という3柱の神であることも明かされました。**住吉三神**《すみよしさんじん》と呼ばれるこの3柱は、**イザナギ**の**禊**（44ページ参照）で生まれた海の神で、大阪の**住吉大社**《すみよしたいしゃ》の祭神となっています。

朝鮮遠征と応神天皇

神功皇后は神託に従って軍勢を整え、海ばかりの西へと船出しました。軍船は海の魚に背負われ、強い追い風を受けて波に乗り、一気に朝鮮半島へ押し寄せたといいます。

朝鮮半島の**新羅**《しらぎ》という国の王は恐れをなして、神功皇后に従うことになり、隣国の**百済**《くだら》も勢力下に入ります。『日本書紀』では北の**高句麗**《こうくり》という国も服属させたことになっており、この遠征はかつては「三韓征伐《さんかんせいばつ》」とも呼ばれました（現在は「征伐」という言葉は不適切だとされます）。

妊娠中だった神功皇后は、日本に戻ってから皇子を産みました。そして武内宿禰と協力して、皇位を狙う者たちを滅ぼすと、皇子が成人して即位するまで**摂政**《せっしょう》（天皇に代わって政治を行う役職）を務めました。

神功皇后の産んだ皇子が、第15代**応神天皇**《おうじんてんのう》です。母親の胎内《たいない》で朝鮮遠征に出陣した形になったので、**胎中天皇**《たいちゅうてんのう》の異名ももちます。彼は、中国大陸や朝鮮半島から入ってくる先進的な文明の導入に積極的な人物だったとされます。

神様に対する日本人の意識

神功皇后の朝鮮遠征の神話は、何らかの歴史的事実に関係している可能性はあるものの、実際に古代の日本が朝鮮半島全土を支配したという事実は確認されていません。

この神話はむしろ、**神様に対する日本人の意**

Point 神功皇后は朝鮮半島を支配下に収め、帰国してから応神天皇を産んだとされる。

仲哀天皇と神功皇后

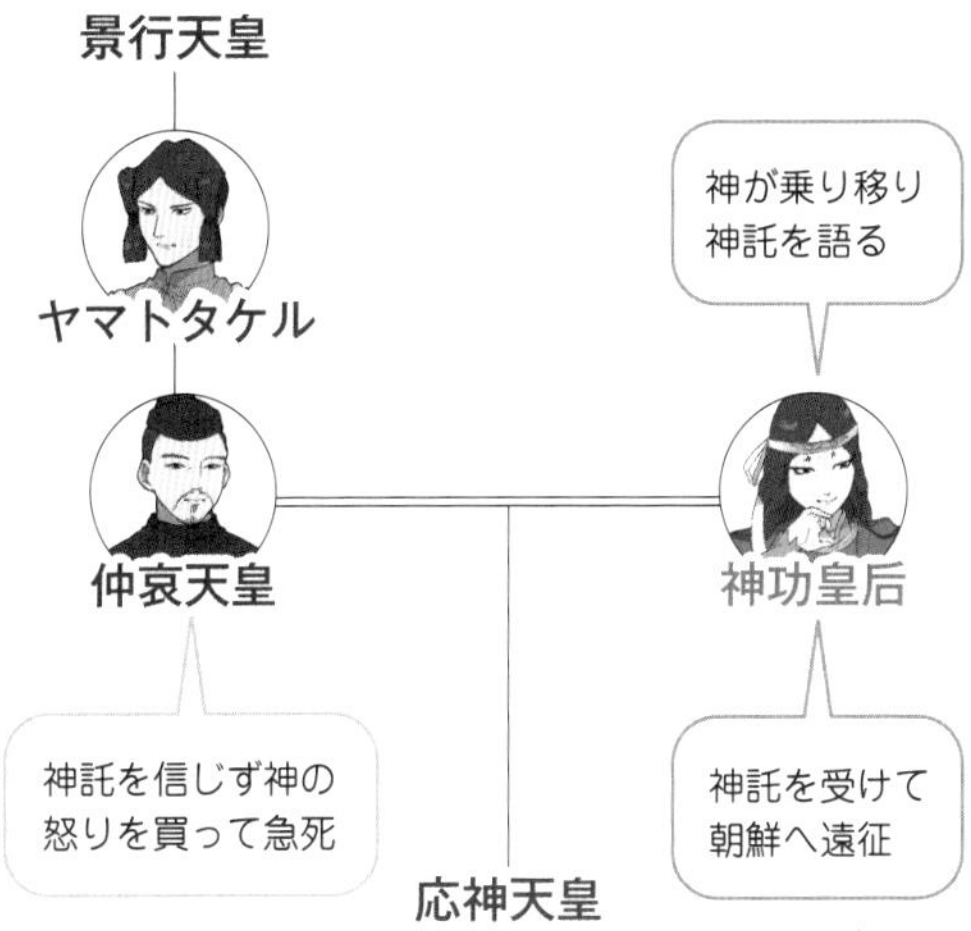

▲神功皇后は仲哀天皇の死後、朝鮮遠征や国内の統治を行い、息子を無事に天皇の位に就けた。

識を表しているといえます。唐突な神託を軽んじたせいで命を落とした仲哀天皇の話からは、**人知を超えた神に対して、日本人が無力を自覚し、畏敬《いけい》の念を抱いていたこ**とが読み取れます。

また『日本書紀』には、神功皇后の軍を見た新羅の王が「東のほうに日本という神《しん》国《こく》が存在すると聞いたことがある」と述べ、その国の軍勢だろうと推測するくだりがあります。この「神国」という言葉は、のちにひとり歩きして「神に守られたすぐれた国」との意味に理解されるようになりますが、もともとは、**人間の力や知恵よりも神を祀ることを大事にする国**といった意味だったと、倫理思想史研究者の菅野覚明《かんのかくみょう》は指摘しています。

そして古代の歴史へ

神話とリアルの境目はどこにあるのか？

Keywords
・倭の五王
・欠史十代
・中央集権的な国家

どの天皇から実在したのか？

応神天皇の次の第16代**仁徳天皇**《にんとくてんのう》は、人民が困窮《こんきゅう》したとき、租税《そぜい》や兵役《へいえき》を免除して国を栄えさせた、「聖帝《せいてい》」として知られています。

それ以降、日本では活発な外交政策が採用されるようになりました。中国の歴史書『**宋書**《そうしょ》』には、**倭《わ》の五王《ごおう》**と呼ばれる日本の王たちが、5世紀の中国に相次いで使者を送ったことが記録されています。五王のうち**讃**《さん》という王は、第15代応神天皇か第16代仁徳天皇か第17代**履中天皇**《りちゅうてんのう》のいずれかに該当《がいとう》するのではないかとされており、**珍**《ちん》という王は第18代**反正天皇**《はんぜいてんのう》、**済**《せい》という王は第19代**允恭天皇**《いんぎょうてんのう》、**興**《こう》という王は第20代**安康天皇**《あんこうてんのう》、**武**《ぶ》という王は第21代**雄略天皇**《ゆうりゃくてんのう》に比定《ひてい》されています。

このあたりの時代から、天皇が実在した可能性が高くなってきます。出土物などから考古学的に見たとき、実在が確認される最古の天皇は雄略天皇ではないかとも考えられているのですが、確定はしておらず、諸説あります。

『古事記』では、第24代**仁賢天皇**《にんけんてんのう》から第33代**推古天皇**《すいこてんのう》までの情報が少なく、その期間は**欠史十代**《けっしじゅうだい》と呼ばれます。当時の天皇の事績などは、『日本書紀』には記されています。

Point 天皇の系譜は、実在が確認される天皇に近づき、神話は歴史的な事実につながる。

倭の五王～欠史十代

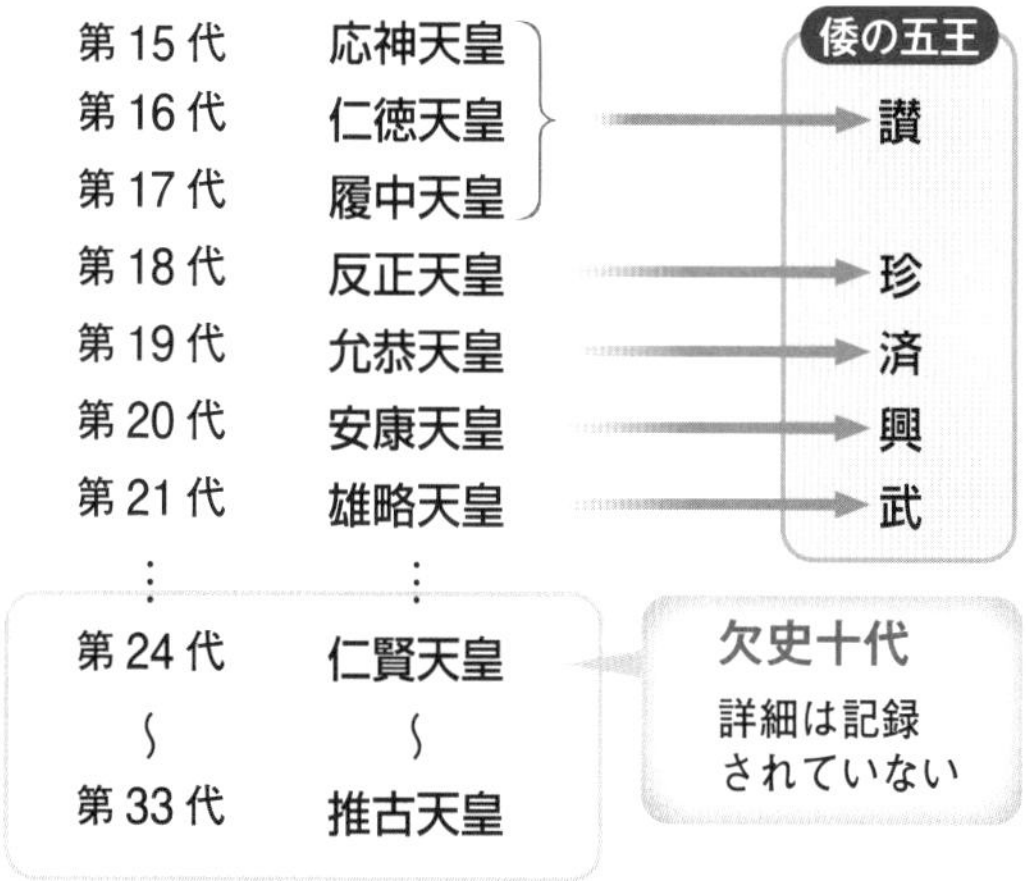

▲「倭の五王」あたりから、『古事記』『日本書紀』に記された天皇の実在の可能性が高くなっている。

天皇中心の国へ

6世紀末から7世紀初頭、「聖徳太子《しょうとくたいし》」として有名な**厩戸王《うまやとおう》**が、第33代推古天皇の**摂政**として政治に取り組みました。『古事記』の記述は、推古天皇までで完結しています。

もともと**ヤマト政権**は、力の拮抗《きっこう》する天皇（当時は「大王」）と豪族たちによる連合政権の形で構成されていました。しかし、7世紀半ばに**中大兄皇子《なかのおおえのみこ》**（のちの第38代**天智天皇《てんじてんのう》**）らが改革を始め、7世紀後半に第40代**天武天皇**、第41代**持統天皇**が、天皇を中心とした中央集権的な国家を構築します。そして『日本書紀』には、持統天皇が第42代**文武天皇《もんむてんのう》**に譲《じょう》位《い》するところまでが書かれています。

メディア戦略としての神話

『**古事記**』『**日本書紀**』が成立したのと同時期の713年、朝廷から列島の諸国に、「『**風《ふ》土記《どき》**』を編纂するように」という命令が出されました。『風土記』とは土地ごとの地誌《ちし》で、その土地の地名や産物などのほか、神話を含めた伝承も記載するように求められました。

じつは古代の朝廷にとって、各地の神話を収集することは、**重要な政治的プロジェクト**でした。インターネットなどのメディアのない時代、人々は、神話にもとづいて考え、生活していたからです。朝廷は、諸国の神話を把握したうえで、それを利用して統治を行おうという、高度な戦略をもっていました。

『風土記』以前にも、朝廷は各地の神話を調査しており、その成果は『古事記』『日本書紀』にも入っています。もし、各地に伝わる神様の名前やエピソードがまったく出てこなかったとしたら、諸国の人々は『古事記』『日本書紀』を相手にしなかったでしょう。

文学研究者の松本直樹《まつもとなおき》は、天皇支配の正統性をアピールするために作られた『古事記』『日本書紀』も、朝廷にとって都合のよいことばかり載せるわけにはいかなかったはずだと論じています。多少無理のある展開になったとしても、各地の神話や信仰を認めることで、作られた神話に求心力をもたせたわけです。民間の神話や地方の神々を巻き込み、その上に国家としての主張を上乗せする手法で、『古事記』と『日本書紀』は作られました。

第3章
神話に出てくる神様たち

造化三神

世界の始まりに出現した3柱の神の正体は？

Keywords
・天地初発
・生成
・国造り

アメノミナカヌシノカミ

この章では、『古事記』『日本書紀』に登場するおもな神様たちを、あらためてくわしく紹介していきます。

『古事記』において、天地初発（世界の始まり）の際に出現したとされる3柱の神様たちを、**造化三神**《ぞうかさんしん》といいます。

造化三神の中で最初に現れたのは、**アメノミナカヌシノカミ**です。

じつはこの神様については、どんなはたらきをしたのか、いっさい記されていません。

そして、具体的なことが何も書かれていないために、かえって「アメノミナカヌシが最も超越的で、一番偉いのではないか」という想像をかき立てもしました。

中世以降、神道を体系的に理論化しようという動きが起こると、**伊勢神宮**から生まれた**伊勢**《いせ》**神道**《しんとう》（178ページ参照）や、江戸時代後期の**復古神道**《ふっこしんとう》（188ページ参照）では、アメノミナカヌシは世界の最高神とみなされました。

また、「天の中心にいる主人」を意味する「天之御中主」という名から、夜空の中心の北極星（あるいは北斗七星《ほくとしちせい》）が神格化された仏である**妙見菩薩**《みょうけんぼさつ》と習合しています。

Point 造化三神は、『古事記』で世界の始まりに現れた、抽象的な性格をもつ神様たちである。

＊古＝古事記、日＝日本書紀、風＝風土記

対をなす2柱の指導神

次に現れたのが、**タカミムスビノカミ**と**カミムスビノカミ**です。**ムスビ**という言葉は**生成**（生み出すこと）のはたらきを意味します。

彼らは、表舞台で派手にふるまいはしないものの、**国造り**のプロジェクトを導き補助する、フィクサー的な役割を果たしました。

タカミムスビはおもに天上界（**高天原**）を担当し、**アマテラスオオミカミ**とともに**天孫降臨**を指導しました。カミムスビは、地上界（**葦原中国**）で活躍する神々を助けています。

この2柱は一対の神であり、平安時代中期には、男女ひと組の神として扱われる場合もありました。

人間の性と生を肯定する神話のカップル

イザナギノミコトとイザナミノミコト

Keywords
・神世七代
・性に対する肯定
・生と死の根源

日本を創造したカップル

『古事記』では、**造化三神**を含めた**別天津《ことあまつ》神《かみ》**5柱が現れたのち、**神世七代**と呼ばれる神様たちが出現しました。その最後に生じた双び神（カップルの神）が、男神**イザナギノミコト**と女神**イザナミノミコト**です。

この2柱は、別天津神から命じられて日本列島を作り（**国産み**）、結婚してさまざまな神を生み出しました（**神産み**）。万物創成の神、人類の起源の神、日本人の祖先神とも考えられ、結婚の神としても信仰されています。

性と生の営みにかかわる

記紀神話のストーリーには、随所に男女の性的な描写が出てきます。**キリスト教**、**イスラム教**、**仏教**といった宗教の中に、性に関する厳格な戒律《かいりつ》が含まれることとくらべて、『古事記』や『日本書紀』の神話は、男女の性に対しておおらかだといえるでしょう。

イザナギとイザナミが男女の性をもち、交合《こうごう》で国を生み出すくだりは、その典型的な例です。そのような描写からは、神話の根底にある「性こそが万物の生成の根源である」という世界観、

Point イザナギノミコトとイザナミノミコトは、人々の性と生の営みにかかわる神様だといえる。

人間の性に対する肯定が読み取れます。

イザナギとイザナミの神話は、性だけでなく、**人間の生と死の根源**にもふれています。『古事記』の**黄泉国**のエピソード（42ページ参照）で、イザナギから別れを告げられて怒ったイザナミは、「1日に1000人の人間を殺す」といい、対してイザナギは、「1日に1500人の人間を生まれさせる」と宣言しました。

この言葉には、日々経験する死を受け入れつつ、それ以上に新しい誕生を祝おうという、人間の繁栄への願いが込められています。

イザナギとイザナミはこのように、人々の生の営みにかかわる神様だといえます。**縁結び**や**夫婦円満**、**子孫繁栄**などのご利益があるとして、各地で祀られています。

アマテラスオオミカミ

光り輝く皇祖神はじつは怖い!?

Keywords
・皇祖神
・太陽神
・伊勢神宮

偉大な太陽神

イザナギの**禊**（44ページ参照）から誕生し、**高天原**の主宰神にして**皇祖神**（天皇家の祖先の神）となったのが、**アマテラスオオミカミ**です。

その名の「天照」とは本来、偉大さの程度を表す「天に照り輝くほどの」という意味の言葉だったのですが、**太陽神**として理解されるようになりました。

世界の神話には男性の太陽神も多いのですが、アマテラスは女神とされてきました（男神説も出たものの、古来、女神説が主流です）。理由としては、日の神を祀る**巫女**（神に仕える宗教的役割をもつ女性）が、太陽神自体と同一視されたのではないかと考えられています。また、『古事記』『日本書紀』編纂を推進した**持統天皇**や、『古事記』完成時の**元明天皇**といった女性天皇がモデルになっているとの説もあります。

恐るべき力で国を守る

この女神はもともと、**ヤマトオオクニタマノカミ**という神様とともに、宮中に祀られていたといいます。しかし、第10代**崇神天皇**《すじんてんのう》の時代、

Point 太陽神とされるアマテラスオオミカミは、恐ろしい側面ももつ皇祖神である。

神様データ

名前
天照大御神（古）
天照大神（古・日）

習合したおもな神仏
観音菩薩、大日如来

おもな神社
伊勢神宮の内宮（皇大神宮、三重）
各地の神明社
各地の皇大神社

おもなご利益
所願成就
（万能とされる）

国中で疫病《えきびょう》などの禍《わざわい》が起こり、「2柱の神を同じ宮中で祀っているせいではないか」ということになって、2柱の神はともに宮廷の外に出されました。最初は宮廷の近くに祀られたアマテラスでしたが、うまく鎮まりません。

祀り手が**ヤマトタケル**の叔母**ヤマトヒメ**（78ページ参照）に替わり、各地を転々としたのちに、**伊勢**の地が気に入り、ようやくそこに鎮座《ちんざ》しました。皇祖神であるアマテラスが、宮中ではなく**伊勢神宮**で祀られているゆえんです。

アマテラスは、恐るべき神だとも思われていたようです。自分の子孫である**仲哀天皇**の命を奪った挿話（82ページ参照）も、この神に対する人々の恐れを示しています。しかし、恐るべき力をもつからこそ、国をしっかり守ってくれているのだともいえるでしょう。

スサノオノミコト

多様なご利益はさまざまな事績から！

Keywords
・出雲国
・ペルセウス・アンドロメダ型
・オオゲツヒメノカミ

「問題児」から英雄へ

スサノオノミコトも、**アマテラス**と同様、**イザナギ**の**禊**から生まれました。

彼はもともと、**出雲国**の**須佐**《すさ》（島根県出雲市）を本拠地とする「須佐の男」という地方神だったと考えられています。そこに「荒れすさぶ男」といった意味づけが加えられ、強烈なキャラクターとなりました。

「問題児」として記紀神話に登場するスサノオですが、**ヤマタノオロチ退治**で、イメージを逆転させます。天上界を追われたスサノオは、美しいクシナダヒメを怪物から助けることで、地上の英雄となるのです。ちなみに、怪物と戦って乙女を救う英雄の物語は世界中にあり、ギリシア神話の例から、**ペルセウス・アンドロメダ型**の神話と呼ばれます。

多岐にわたるご利益

スサノオは、その荒ぶる性格から、逆に禍を祓ってくれる**防災**の神として尊《とうと》ばれ、**厄除**《やくよ》**け**の神である**牛頭天王**《ごずてんのう》（130ページ参照）とも習合しました。

Point 問題児から英雄にのぼりつめたスサノオノミコトは、多くのご利益があるとされる。

神様データ

名前

建速須佐之男命（古）
速須佐之男命（古）
素戔男尊（日）
神素戔嗚尊（日）

習合したおもな神仏

牛頭天王

おもな神社

八坂神社（京都）
氷川神社（埼玉）
須佐神社（島根）

おもなご利益

防災徐疫、五穀豊穣、文芸上達、縁結び

食物の神**オオゲツヒメノカミ**を斬り殺したというエピソードもありますが（１０４ページ参照）、そのことで結果的に、さまざまな食べ物が生まれました。**オオクニヌシノカミ**に**国造り**の指示を与えたのもスサノオです。人間が暮らしやすい世界ができたのは、彼のおかげだともいえるのです。スサノオは**農業の神**として、**五**《ご》**穀豊穣**《こくほうじょう》のご利益もあるといわれます。

また彼は、日本最初の和歌を作ったともいわれており（55ページ参照）、**和歌の神**でもあります。クシナダヒメと結ばれたことから、**縁結び**の神にもなっています。

このように多様なご利益のあるスサノオは、**八坂神社**（京都府）、**氷川神社**（埼玉県）、**須佐神社**（島根県）など、多くの神社で祭神として祀られています。

オモイカネノカミ

神から頼りにされる随一の知性派

Keywords
・思慮
・天の岩戸
・天孫降臨

思慮を兼ね備える神

造化三神のうちの1柱として天上界に現れ、配偶者もない独り神であったはずの**タカミムスビノカミ**（91ページ参照）には、なぜか子がありました。それが**オモイカネノカミ**です。

神名の「オモイ」は「思慮《しりょ》」、「カネ」は「兼《か》ね備える」という意味で、豊富な知識と知恵をもつ神様とされます。

その名のとおり、記紀神話の中の重要な局面で、思慮を用いて活躍しました。**高天原**の最高神**アマテラスオオミカミ**からの信頼も厚い天津神の1柱です。

難題を知恵で解決

オモイカネは、天上で大きなプロジェクトがあるときには、必ずといってよいほど参加しています。

特に大きな功績は、**天の岩戸**騒動（50ページ参照）の解決です。困った八百万の神様たちから相談を受けたオモイカネは、洞窟に隠れたアマテラスを引き出す作戦を考案し、見事に成功させました。

Point オモイカネノカミは、高天原一ともいえる知恵を活かしていろいろな場面で活躍した。

神様データ

名前

思金神（古）
常世思金神（古）
思兼神（日）

習合したおもな神仏

虚空蔵菩薩

おもな神社

阿智神社（長野）
秩父神社（埼玉）

おもなご利益

学業成就、試験合格

また、**国譲り**（62ページ参照）の際には、**オオクニヌシ**ら**国津神**との交渉のため、高天原から地上に使者が派遣されましたが、その使者の選定にも、オモイカネはかかわりました。じつは使者の派遣は一度ならず失敗しましたが、オモイカネらはめげずに取り組み、最終的に国津神から国を譲り受けるに至ったのです。

そしてオモイカネは、**天孫降臨**（64ページ参照）のとき、**ニニギノミコト**とともに地上へ降りました。彼の子孫は、**信濃国**《しなののくに》（長野県）の**阿智氏**《あちし》や、**知知夫国**《ちちぶのくに》（埼玉県秩父《ちちぶ》地方）の**国造**《くにのみやつこ》（地方の統治者）になったとされます。

オモイカネは学問の神として、長野県の**阿智**《あち》**神社**《じんじゃ》（ほかの土地の阿智神社では、主祭神が代わっています）や、埼玉県の**秩父**《ちちぶ》**神社**《じんじゃ》に祀られています。

芸能人とシャーマンの性格をあわせもつ女神

アメノウズメノミコト

Keywords
・性のパワー
・猿女君
・シャーマン

性的アプローチには理由が!

天の岩戸騒動のときに見事に踊った**アメノウズメノミコト**の神名の「宇受《うずめ》」は、かんざしを意味しています。アメノウズメは、髪飾りをして神を祀る儀式を行う女神なのです。

この神様は、**天孫降臨**の際、**サルタビコノカミ**に最初に接触したことでも知られています。

天の岩戸開きのときも天孫降臨でも、乳房や陰部をさらすというどぎついやり方を見せました。

じつは、性的なアプローチでものごとを解決するのは、**古代の巫女としての性格**の表れだと考えられています。

裸体を露出することで、性のパワーによって相手を活性化させ、太陽神**アマテラスオオミカミ**を呼び出したり、その孫**ニニギノミコト**の進む道を開いたりする役目を果たしたのです。

神への儀式にかかわる

アメノウズメは、サルタビコに応対したことをきっかけにその妻となったとされます。アメノウズメは、サルタビコの名の一部をもらって、**猿女君**《さるめのきみ》と呼ばれる一族の祖となりました。

Point アメノウズメノミコトは、性的な側面も含めて、シャーマンのような性格をもつ。

神様データ

名前
天宇受売命（古）
天宇受売神（古）
天鈿女命（日）
天鈿女（日）

おもな神社
椿岸神社（三重）
千代神社（滋賀）

おもなご利益
技芸上達、夫婦和合、縁結び

「猿」は「戯《さ》る」を意味し、宮廷神事などで滑《こっ》稽《けい》な演技をする者を指すといいます（伝統的な芸能である**猿楽**《さるがく》の「猿」など）。アメノウズメの子孫とされる猿女君の一族も、朝廷の祭祀《さいし》にたずさわりました。

猿女《さるめ》たちは冬至《とうじ》の頃、宮中で**鎮魂祭**《みたましずめのまつり》という儀式を行っていましたが、これは太陽の復活を願う儀式であり、そこには天の岩戸で踊ったアメノウズメが投影されているともいわれます。

記紀神話最高のダンサーであるアメノウズメは、**芸能の神**とされます。また、神や霊的な存在と交流する呪術的役割をもつ者を**シャーマン**といいますが、アメノウズメはシャーマン的な力ももち、**鎮魂**《ちんこん》**の神**であるともいわれます。三重県の**椿大神社**《つばきおおかみやしろ》の別宮である**椿岸神社**《つばきしじんじゃ》や、滋賀県の**千代神社**《ちよじんじゃ》などの祭神として祀られています。

アメノタヂカラオノカミ

怪力神のご利益は技術・芸術・スポーツ向上

Keywords
・天の岩戸
・天孫降臨
・戸隠山

力自慢の頼りになる神

オモイカネノカミ、**アメノウズメノミコト**らとチームを組んで、**天の岩戸**の奥に隠れた**アマテラスオオミカミ**を引き出す作戦に取り組んだ神に、**アメノタヂカラオノカミ**がいます。その名前は「天手力男神」「天手力雄神」と表記され、「天上界にいる、手の力の強い男」を意味します。

天の岩戸作戦では、アメノタヂカラオはアマテラスの手を取って外に連れ出しました。『日本書紀』の一書には、岩戸の入り口を怪力でこじあけたという話もあります。

また、**ニニギノミコト**が**高天原**から**葦原中国**に降りた**天孫降臨**の場面にも、随行する神様たちの中に登場しています。天上一の力もちとして、ニニギと一行を守るボディガードのような役割だったのでしょう。

投げた戸は信濃国に落ちた

アメノタヂカラオは、各地の**手《て》力《ちから》雄《お》神社《じんじゃ》**の祭神となっているほか、三重県の**佐《さ》那《な》神社《じんじゃ》**など、多くの神社で祀られています。学問の神様として有名な東京都の**湯《ゆ》島《しま》天《てん》満《まん》宮《ぐう》**（**湯島天神**）でも、

Point アメノタヂカラオノカミは、力を活かして天の岩戸の場面で活躍した。

神様データ

名前
天手力男神（古） 手力男神（古） 天手力雄神（日） 手力雄神（日）
習合したおもな神仏
不動明王
おもな神社
戸隠神社の奥社（長野） 佐那神社（三重） 湯島天満宮（東京） 各地の手力雄神社
おもなご利益
技芸上達、スポーツ必勝

菅原道真《すがわらのみちざね》（148ページ参照）とともに、アメノタヂカラオが祭神となっています。

また伝説によると、天の岩戸からアマテラスを無事に連れ出すことができたとき、アメノタヂカラオは洞窟の戸を思いきり放り投げ、それが**信濃国**（長野県）の**戸隠山**《とがくしやま》に落ちたといいます。

現在その地には、**奥社**《おくしゃ》、**中社**《ちゅうしゃ》、**宝光社**《ほうこうしゃ》、**九**《く》**頭龍社**《ずりゅうしゃ》、**火之御子社**《ひのみこしゃ》の五社から構成されている**戸隠神社**《とがくしじんじゃ》があり、アメノタヂカラオは奥社の祭神として、**技芸上達**、**スポーツ必勝**、**心**《しん》**願成就**《がんじょうじゅ》などを願う参拝者を迎えています。

ちなみにこの戸隠神社は、**九頭龍大神**《くずりゅうのおおかみ》という龍（または大蛇）の神様を祭神とする九頭龍社以外は、天の岩戸開きに関係のある神様たちを祀っています。

オオゲツヒメノカミ

悲運の死から豊かな食物が生まれた

Keywords
・蚕
・粟
・ハイヌウェレ型神話

誤解を招いた調理法

とても気の毒な女神を紹介しましょう。**イザナギ**と**イザナミ**の**神産み**（40ページ参照）で誕生した、食物神の**オオゲツヒメノカミ**です。『古事記』によると、**天の岩戸**騒動のあとに**スサノオノミコト**が天上から追放されたとき、空腹の彼に乞《こ》われ、オオゲツヒメはたくさんのご馳走《ちそう》を提供しました。

ところが、オオゲツヒメの食料提供方法はあまりに独特でした。鼻、口、尻から食材を取り出し、それを調理するのです。食物の神ですから、体から食材を出すのは当然といえば当然ですが、それを見たスサノオは、汚物《おぶつ》を供《きょう》されていると誤解し、女神を斬り殺してしまいました。

すると、死体の頭から**蚕**《かいこ》、目から**稲**、耳から**粟**《あわ》、鼻から**小豆**《あずき》、陰部から**麦**、尻から**大豆**《だいず》が発生しました。これが**五穀**や**養蚕**《ようさん》の起源だとされます（**造化三神**のうちの1柱**カミムスビノカミ**が、それらを取って種子としました）。

食物の起源を語る神話

『日本書紀』では、よく似たストーリーが、イ

Point 食物の神オオゲツヒメノカミは、スサノオから殺されることで、多くの食べ物を生み出した。

神様データ

名前

大宜都比売神（古）
大気都比売神（古）

習合したおもな神仏

ウケモチノカミ
トヨウケビメノカミ
ウカノミタマノカミ

おもな神社

白子神社（山形）
上一宮大粟神社（徳島）
阿波井神社（徳島）

おもなご利益

五穀豊穣、養蚕守護

ザナギの**禊**から生まれた**三貴子**の1柱である**ツクヨミノミコト**と、食物神**ウケモチノカミ**との間で展開します。

吐き出された食物を提供されて怒ったツクヨミがウケモチを殺すと、死体から稲や大豆などが生まれ、**アマテラスオオミカミ**がそれを喜び、穀物の種子としたというのです。

じつは、死体から食べ物が生まれるこのような話は、諸外国でも見られます。インドネシアの神話にちなんで**ハイヌウェレ型神話**と呼ばれる食物起源神話です。

オオゲツヒメを祀る神社は、**上一宮大粟神社**《かみいちのみやおおあわじんじゃ》や**阿波井神社**《あわいじんじゃ》など、徳島県に多く存在します。それは、オオゲツヒメがこの地に粟を広めたとの伝説があるからです（かつて徳島県の北部は粟の生産地で、旧国名は阿波《あわ》でした）。

出雲の偉大な神は縁結びでも有名

オオクニヌシノカミ

Keywords
・国津神
・大黒天
・出雲大社

多くの名前をもつ理由は？

スサノオノミコトの直系子孫で、**国津神**のトップとして地上をまとめたのち、天上の**天津神**に国を譲ったのが**オオクニヌシノカミ**です。

もともと**オオナムチ**という名前だったのが、「大きな国の主」へとレベルアップした神様ですが、彼はほかにも多くの名前をもちます。

じつはそれらの名前は、本来は別々の神様たちを表していました。しかし、**ヤマト政権**が神話を作る際、多くの地方神をひとつに統合し、そうしてできた神に「オオクニヌシ」という新しい名前をつけたのだと考えられています。

その中核となったオオナムチは、古くから出雲地方で尊ばれていた有名な神で、各地の『**風土記**』や、古代の和歌を集めた『**万葉集**《まんようしゅう》』にも登場します。当時の出雲に存在した、ヤマト政権と拮抗《きっこう》するほどの一大勢力を象徴する神です。

各地方の神を取り込んだ「オオクニヌシ」を作り、これを天上出身のスサノオの子孫として設定することで、「オオクニヌシの国が天津神に譲られたのは、当然のことだ」と思わせようというのが、大和の朝廷の戦略だったのです。

ともあれ記紀神話のオオクニヌシは、国を豊かに完成させた偉大な功労者といえるでしょう。

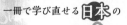

Point オオクニヌシノカミは、地方の多くの神を統合した、出雲の国津神の代表者である。

神様データ

名前

大国主神（古）
＊ほかに、大穴牟遅神（古）、八千矛神（古）、大物主神（日）、国作大己貴命（日）、葦原醜男（日）、大国玉神（日）など

習合したおもな神仏

大黒天

おもな神社

出雲大社（島根）
神田明神（東京）

おもなご利益

縁結び、子宝、夫婦和合

大黒天と同一視される

オオクニヌシは、名前の「大国」の音読みから「だいこくさん」とも呼ばれ、中世以降、同じ音の名前をもつ**大黒天**《だいこくてん》と習合しました。

大黒天は、もとはインドのマハーカーラという神様で、破壊神**シヴァ**の化身です。これが仏教に取り込まれ、中国経由で日本にやってきたのですが、オオクニヌシと習合する過程で、もとの破壊神の性格を失い、**七福神**《しちふくじん》（136ページ参照）の1柱となりました。

オオクニヌシは現在、**出雲大社**（島根県）、**神田明神**《かんだみょうじん》（東京都）などの祭神です。6人の妻をもったことから、**縁結び**の神様としても尊ばれています。

三輪山の謎めいた神の正体は蛇？
オオモノヌシノカミ

Keywords
・三輪山
・幸魂・奇魂
・モノ

オオクニヌシの幸魂・奇魂？

『古事記』において、**オオクニヌシノカミ**が**国造り**を行った際（60ページ参照）、2番目の協力者となったのが、**大和**（奈良県）の国津神**オオモノヌシノカミ**です。

『日本書紀』では、オオモノヌシは国造りの最中には出てきません。最初の協力者**スクナビコナ**に去られたのち、独力で国造りを完了したオオクニヌシの前に、海の彼方から、光に包まれた何者かが現れました。この謎の神オオモノヌシは、オオクニヌシによって**三輪山**に祀られるのですが、彼はオオクニヌシに、「私はあなたの**幸魂**《さきみたま》、**奇魂**《くしみたま》だ」と告げています。

「幸魂」「奇魂」は難しい言葉ですが、神様のもつ魂の性質・側面を表します。つまりオオモノヌシは、オオクニヌシの魂の一部が神の姿を取ったものだとされているのです。

得体の知れない「モノ」

謎めいたオオモノヌシは、**ヤマト政権**が**アマテラスオオミカミ**以前に祀っていた神だとも考えられています。その名に含まれる**モノ**という

Point 三輪山のオオモノヌシノカミは、ミステリアスな「モノ」として神話に登場する。

神様データ

名前	大物主神
習合したおもな神仏	オオクニヌシノカミ
おもな神社	大神神社（奈良） 金刀比羅宮（香川） 大物主神社（兵庫）
おもなご利益	五穀豊穣、産業振興、病気治癒

言葉には、「得体のしれない何か」といった意味があります（たとえば「モノノケ」）。

第7代**孝霊天皇**《こうれいてんのう》の娘**ヤマトトトヒモモソヒメ**は、オオモノヌシの妻となりましたが、夫は夜しか通ってこないため、どんな姿なのかわかりません。懇願されたオオモノヌシは、「見ても驚かないように」といったうえで、正体を見せます。それは美しい蛇でした。ヒメが叫び声をあげると、約束を破られたオオモノヌシは、三輪山へと飛び去ってしまいました。

疫病を流行らせたうえで、第10代**崇神天皇**の夢に現れ、「自分を祀れば疫病が鎮まる」と告げたこともあります。

祟り神としての一面ももつ神だといえますが、幅広いご利益があるとされ、三輪山をご神体とする**大神神社**《おおみわじんじゃ》の祭神となっています。

タケミカヅチノオノカミ

頼りにされる武闘派ナンバー1

Keywords
・国譲り
・常陸国
・蝦夷

驚きのポーズで相手を威嚇

オオクニヌシノカミに**国譲り**（62ページ参照）を迫ったことで有名な**タケミカヅチノオノカミ**は、**イザナミ**の死の原因となった火の神を**イザナギ**が斬り殺したとき（41ページ参照）、剣についた血が飛び散って誕生した神です。その名は「神秘的でいかめしく勇猛な神」を意味します。重要な局面に登場して必ず結果を出す、高天原随一の頼れる戦闘神です。

剣との関係は深く、国譲りの交渉の際も、海面に刀の柄を突き立て、剣先に足を組んで座るという驚くべきポーズで、オオクニヌシを威嚇《いかく》しました。そののち、勝負を挑んできた**タケミナカタノカミ**を屈服させ、オオクニヌシに国譲りを認めさせたのです。

また、**神武東征**の際には、**タカクラジ**という者に霊剣を授け、**カムヤマトイワレビコ**の窮地を救っています（74ページ参照）。

頼りになる武神

タケミカヅチは、古くから**常陸国**《ひたちのくに》（茨城県）土着の**海上保全**の神として信仰されており、**鹿**《か》

Point 常陸国で信仰されていたタケミカヅチノオノカミは、武神として国譲り交渉を成立させた。

神様データ

名前

建御雷之男神（古）
建御雷神（古）
武甕槌神（日）
武甕雷神
＊鹿島大明神とも呼ばれる

習合したおもな神仏

＊ほかの神とともに春日神、春日権現となった

おもな神社

鹿島神宮（茨城）
春日大社（奈良）

おもなご利益

勝運上昇、武芸上達

島神宮《しまじんぐう》（茨城県）の祭神となっています。

　常陸国は古代、**蝦夷**《えみし》と呼ばれた東北の人々と、朝廷の勢力がせめぎ合う土地でした。朝廷は、蝦夷ににらみをきかせるために、東北に武神タケミカヅチを祀ったのです。

　奈良から平安時代にかけて朝廷の中枢を占めた**藤原氏**《ふじわらし》は、天皇家を補佐する自分たちの立場を、高天原で皇祖神**アマテラスオオミカミ**を守護するタケミカヅチに重ね、この神を一族の祖神として、奈良の**春日大社**《かすがたいしゃ》に祀るようになりました。

　勝運上昇、**武芸上達**などのご利益のある神とされます。近世（江戸時代）には、大地をゆるがそうとする地中の大ナマズを、タケミカヅチが鹿島神宮の要石《かなめいし》で押さえ、地震を防いでいるという信仰も起こりました。

タケミナカタノカミ

諏訪地方を中心に絶大なる信仰を誇る

Keywords
・国譲り
・相撲
・諏訪信仰

敗れて諏訪にとどまる

『古事記』『日本書紀』の神話で、**国譲り**を迫る天津神**タケミカヅチノオノカミ**に対して力で抵抗を試み、あっさり負けてしまった国津神が**タケミナカタノカミ**。

この神様は、**オオクニヌシノカミ**の子であり、けっして弱いわけではありません。動かすのに1000人もの力を要する巨岩を、軽くもち上げられるほどの怪力のもち主でした。それでも高天原一の戦闘神タケミカヅチにはかなわず、**諏訪**（長野県）に追い詰められて降参し、その地にとどまりました。

このストーリーは最も古い格闘場面の描写ともいわれ、神事（神を祀る儀礼）としての**相撲**《すもう》（245ページ参照）の起源でもあるとされます。

諏訪信仰の中心

「勝負に負けて逃亡した神様」というと不名誉なイメージのようですが、タケミナカタは**諏訪**《すわ》**大社**《たいしゃ》の祭神として篤《あつ》く信仰されています。諏訪大社は、各地にある**諏訪神社**《すわじんじゃ》の総本社《そうほんじゃ》（おおもと）であり、巨木に乗って山の斜面を滑《すべ》り降り

Point タケミカヅチと戦ったタケミナカタノカミは、諏訪信仰の中心的な神様である。

神様データ

名前
建御名方神（古）

おもな神社
諏訪大社（長野）
各地の諏訪神社

おもなご利益
五穀豊穣、武運長久、海上安全

る勇壮な**御柱祭**《おんばしらさい》でも有名です。

古い伝承によると、タケミナカタはもともといた土着神を破って諏訪に定着した神で、朝廷の支配が及ぶ前から、風、水、山、海にかかわる自然神・農耕神として、人々に恵みをもたらしていました。

山の神であることからか、弓矢の神となり、**武神**としても崇敬《すうけい》されました。平安時代には、東北の**蝦夷**を攻めた将軍**坂上田村麻呂**《さかのうえのたむらまろ》に戦勝をもたらしたといいます。さらに鎌倉時代、モンゴル軍が攻め寄せてきた**蒙古襲来**《もうこしゅうらい》（**元寇**《げんこう》）の危機（178ページ参照）に、暴風雨を起こして日本を救った龍神と同一視されて尊ばれました。

諏訪信仰の中心となり、庶民や武士の崇敬を集めたタケミナカタは、**五穀豊穣**、**武運長久**、**海上安全**などのご利益があるとされます。

ニニギノミコト

天から降りてきた地上界の統治者

Keywords
・稲穂
・大嘗祭
・天孫降臨

天孫が九州に降臨する意味は？

国津神から**天津神**に国が譲られ、**葦原中国**を統治するために**高天原**から降りてきた神様が、**ニニギノミコト**です。

その神名「日子番能邇邇芸命《ひこほのににぎのみこと》」の「日子《ひこ》」は太陽神の子（子孫）、「番《ほ》」は稲穂《いなほ》を意味します。そして「邇邇芸《ににぎ》」はにぎやかなこと、天地が栄えることを表しています。

すなわち、「稲穂がにぎにぎしく豊かに実る、太陽の神の子孫」という、太陽と稲との関係が表現された名前なのです。稲の国の統治者にふさわしい名前だといえるでしょう。

アマテラスオオミカミと**タカミムスビノカミ**は最初、アマテラスの息子**アメノオシホミミノミコト**を地上に降ろそうと考えていましたが、アメノオシホミミはその役目を息子のニニギに譲りました。そのためニニギが、最も重要なエピソードのひとつである**天孫降臨**（64ページ参照）の主役となったのです。「天孫」とは、広い意味では天津神の子孫ということですが、特にアマテラスの孫にあたるニニギを指します。

ニニギは地上の国津神の娘**コノハナサクヤビメ**との間に子どもをもうけ、天皇家の先祖となりました。

Point ニニギノミコトは稲の神であり、天から降りて、稲の国の天皇の先祖となった。

神様データ

名前

天邇岐志国邇岐志天津日高日子番能邇々芸命（古）
日子番能邇々芸命天津日高日子番能邇々芸命（古）
天津彦彦火瓊瓊杵尊（日）
天津彦火瓊瓊杵尊（日）

おもな神社

霧島神宮（鹿児島）
高千穂神社（宮崎）

おもなご利益

五穀豊穣、商売繁盛

皇室の儀式に保存される神話

『日本書紀』では、ニニギは布団にくるまって降りてきたとされます。新天皇の即位後に行われる**大嘗祭**《だいじょうさい》という儀式の一部は、この天孫降臨の再現だという説があります。

民俗学者の**折口信夫**《おりくちしのぶ》（200ページ参照）は、天皇が大嘗宮《だいじょうきゅう》という宮殿に籠もる儀式のために用意される寝具は、ニニギの布団（**真床覆衾**《まとこおうふすま》）に見立てられているのではないかと論じています。神話の一部は、皇室の儀式や伝統の中に保存され、継承されているのです。

ニニギノミコトは、**稲穂の神**、**農業の神**として、**霧島神宮**《きりしまじんぐう》（鹿児島県）や**高千穂神社**《たかちほじんじゃ》（宮崎県）などに祀られています。

14

サルタビコノカミ

天狗の元祖ともいわれる異形の神

Keywords
・天狗
・海人族
・衢

体も鼻も大きな国津神

天孫降臨の際、**ニニギノミコト**一行が遭遇した国津神**サルタビコノカミ**は、背の長さは7尺《しゃく》（約2・1メートル）以上で、鼻の長さが7咫《あた》（約1・2メートル）、口のわきが明るく輝き、鏡のごとく丸い眼は赤いほおずきのようでした。その特異な風貌は、**天狗**《てんぐ》（156ページ参照）のルーツともいわれています。

ニニギ一行の中から、**アメノウズメノミコト**が乳房と陰部を見せながら向かっていくと、サルタビコは仰天してしまいました。しかし、これが縁となって、2柱はのちに夫婦となったといいます。

ほかの神様と柔軟に習合

神としての系譜は謎ですが、サルタビコは、もともとは伊勢・志摩《しま》（三重県）の漁業にたずさわる**海人族**《あまぞく》が信仰した太陽神だったのではないかと考えられています。その役割は、のちに高天原の太陽神**アマテラスオオミカミ**に譲られたという説もあります。

ニニギたちと出会ったとき、道がいくつも分

Point ニニギらを導いたサルタビコノカミは、道案内の神となっただけでなく、多くの神様と習合した。

神様データ

名前

猿田毘古神（古）
猿田毘古大神（古）
猨田彦大神（日）
猨田彦神（日）

習合したおもな神仏

道祖神、庚申様、青面金剛

おもな神社

猿田彦神社（三重）
椿大神社（三重）
都波岐奈加等神社（三重）

おもなご利益

交通安全、夫婦和合

かれている地点（**天**《あめ》**の八**《や》**衢**《ちまた》）に立っていたため、サルタビコは**衢**《ちまた》**の神**とも呼ばれます（「衢」は分かれ道を意味します）。一行の旅を先導したことから、**旅人の守護神**としても信仰を集め、**道祖神**《どうそじん》（142ページ参照）と同一視されるようになりました。

猿の神とも考えられており、同じく猿と縁の深い**庚申様**《こうしんさま》（140ページ参照）などとも習合しています。柔軟で、いろいろな信仰と調和する神様なのです。

伊勢神宮との関係も深く、神宮のすぐ近くの**猿田彦神社**《さるたひこじんじゃ》に、妻のアメノウズメとともに祀られています。そのほか、同じく三重県の**椿大神社**《つばきおおかみやしろ》、**都波岐奈加等神社**《つばきなかとじんじゃ》などの祭神であり、**交通安全**、**夫婦和合**、**開運招福**などのご利益があるといわれています。

ニニギと結ばれた地上の美しい女神
コノハナサクヤビメ

Keywords
・有限の命
・火
・富士山

桜の花のような繁栄を象徴

天から降臨した**ニニギノミコト**と出会い、結ばれた美しい姫が、**コノハナサクヤビメ**です。その名は、桜の花が咲いたことに感嘆するさまを表現しています。

その父は、**イザナギ**の**禊**から生まれた、**オオヤマツミノカミ**という名の山の神です。この国津神は、自分のふたりの娘をニニギに差し出しました。しかしニニギは、美しくなかった姉の**イワナガヒメ**を送り返し、妹のコノハナサクヤビメとだけ結婚しました。

じつはオオヤマツミは、イワナガヒメには**岩のように変わらぬ永遠の命**への願いを、コノハナサクヤビメには**桜の花のような繁栄**への願いを込めて、ニニギに送ったのでした。イワナガヒメを拒絶したニニギの子孫の命は、桜の花のようにはかないものとなってしまいました。

このエピソードは、「腐りやすいもの（バナナなど）と、腐らないもの（石など）との二者択一で前者を選び、人間の命が有限になった」という、**バナナタイプ**と呼ばれるパターンの神話です。ただこの場合は、人間一般ではなく、「神であったはずの天皇の命が、なぜ有限なのか」を説明する神話となっています。

Point 火の中で出産したコノハナサクヤビメは、富士山と結びつき、浅間神社に祀られる。

神様データ

名前

木花之佐久夜毘売（古）
木花開耶媛（日）
＊本名は神阿多都比売（古）、神吾田津姫（日）、神吾田鹿葦津姫（日）という

習合したおもな神仏

浅間大菩薩

おもな神社

富士山本宮浅間大社（静岡）
各地の浅間神社

おもなご利益

火難除け、安産

富士山の噴火を鎮める力

コノハナサクヤビメは、「不義の子を妊娠したのではないか」と疑われたとき、火中で出産して潔白を証明しました（66ページ参照）。

山梨県の**北口本宮《きたぐちほんぐう》富士《ふじ》浅間神社《せんげんじんじゃ》**（およびその境内の**諏訪神社**）の**吉田《よしだ》の火祭り**は、彼女の火中出産の再現だとされます。

火を制御しながら出産したコノハナサクヤビメは、噴火をくり返す**富士山**を鎮める力をもつ山の神とされ、静岡県の**富士《ふじ》山本宮《さんほんぐう》浅間大社《せんげんたいしゃ》**をはじめ、全国の**浅間神社《せんげんじんじゃ》**に祀られています。**安産**や**子育て**の神でもあり、また、子が生まれたとき、父神とともに酒で祝ったことから、**酒の神**ともされています。

神武天皇

日本を「建国」し、長きにわたって君臨した

Keywords
・大和
・初代天皇
・建国

誕生したのは縄文時代!?

『古事記』『日本書紀』は、「**大和**（奈良県）の**天皇**が天下を支配すること」の正当性を示す役割をもっていました。

ですから、**アマテラスオオミカミ**の子孫が九州を支配しているだけでは、「天皇」とみなすわけにはいきません。大和に本拠地を置いて各地を勢力下に入れたとき、初めて天下を支配したことになり、「天皇」とされるのです。

その役割を果たしたのが、**ニニギ**から**ホオリ**と**ウガヤフキアエズ**を経て登場した、**カムヤマトイワレビコ**です。彼は九州を出て本州に乗り込み、各地の勢力を服従させた末、大和に政権を樹立して、**初代天皇**になったとされます。

この初代の**神武天皇**の即位の日は、現在用いられている暦《こよみ》では2月11日に当たるとされ、その日は「建国記念の日」という祝日となっています。

『日本書紀』によると、神武天皇が誕生したのは紀元前７１１年で、縄文時代に当たります。76年も在位し、１２７歳まで生きたとされる神武天皇は、神話の登場人物（神）であり、モデルはいたとしても、実在の人物ではない可能性が高いと考えられています。

Point 初代天皇となった神武天皇は、建国の神様であり、長命にまつわるご利益でも知られる。

神様データ

名前

神倭伊波礼毘古命（古）
神日本磐余彦火火出見（日）

おもな神社

橿原神宮（奈良）
宮崎神宮（宮崎）
狭野神社（宮崎）

おもなご利益

開運、延寿、国家安寧

神武天皇ゆかりの神社

奈良県の**橿原神宮**《かしはらじんぐう》は、**建国の神**たる神武天皇が畝傍山《うねびやま》のふもとにかまえたとされる**橿原宮**《かしはらのみや》にちなんで、明治時代に建てられた神社です。ご利益としては、神武天皇の運勢の強さに由来する**開運**や、長寿に由来する**延寿**《えんじゅ》のほか、**世界平和**といったスケールの大きなものもあります。

九州の宮崎県には、神武天皇の孫**タケイワタツノミコト**が祖父の霊を祀ったのが由来として伝わる**宮崎神宮**《みやざきじんぐう》があり、そのご利益は**国家安寧**、**家業繁栄**、**交通安全**など多岐にわたります。同じく宮崎県、神武天皇誕生の地といわれる霧島連峰のふもとの**狭野神社**《さのじんじゃ》には、**事始め**や**安産**などのご利益もあるとされます。

ひと言に絶大な霊力が宿る
ヒトコトヌシノカミ

Keywords
・葛城山
・言霊信仰
・葛城氏

雄略天皇、謎の神と出会う

とても謎めいた、面白い神様を紹介しましょう。**ヒトコトヌシノカミ**です。

『古事記』によると、第21代**雄略天皇**が従者を連れて大和の**葛城山**《かつらぎさん》に登ったとき、奇妙な一行に出会いました。なんと彼らは、人も服も、天皇一行とそっくりなのです。

天皇からすると、臣下であるはずの人間に同じ格好をされるのは面白くなく、怒って相手の名を問いました。すると相手は、「葛城山の神、ヒトコトヌシノカミだ」と名のったのです。

神と聞くと、さすがの天皇も恐縮し、一行の弓矢や衣服をすべて神に献上しました。これに神は非常に喜び、天皇が宮へ帰るときには途中まで送ってくれたといいます。

『日本書紀』では、雄略天皇が、葛城山で出会った自分そっくりな顔のヒトコトヌシと鹿狩りを楽しんだのち、来目川《くめのかわ》まで見送ってもらったという話になっています。

言霊信仰

『古事記』でヒトコトヌシは、自分が「悪事も

Point 葛城山の謎めいたヒトコトヌシノカミは、ひと言の願いなら、何でもかなえてくれるという。

神様データ

名前

一言主大神（古）
一事主神（日）

おもな神社

葛城一言主神社（奈良）
土佐神社（高知）

おもなご利益

ひと言の願いならかなえてくれる

ひと言、善事もひと言で言い放つ神」であるといっており、天皇はそのことに恐れをなしています。どういうことでしょうか。

日本には古来、「言葉には霊力がある」とする**言霊信仰**《ことだましんこう》があり、不思議な力の宿った言葉は現実になると信じられていました。そのため、ひと言で神託（お告げ）をなす神は、恐るべき存在だったのです。

同時にこの話からは、5世紀頃の**ヤマト政権**と、ヒトコトヌシを祀る大和の豪族**葛城氏**《かつらぎし》の関係も垣間見えます。「当時は両者は互角だったのではないか」などさまざまな説があります。

ヒトコトヌシノカミは、**ひと言の願いなら何でもきいてもらえる神様**として、**葛城**《かつらぎ》**一言主神**《ひとことぬしじん》**社**《じゃ》（奈良県）を総本社に、全国各地で祀られ、広く信仰を集めています。

COLUMN 3

トヨウケビメノカミ

三重県の**伊勢神宮**には、**内宮**《ないくう》と**外宮**《げくう》という、ふたつのメインの神社があります。

内宮には**アマテラスオオミカミ**が祀られています。そして外宮に祀られているのは、**トヨウケノオオカミ**です。この女神は『古事記』などでは**トヨウケビメノカミ**と呼ばれます。その名の「豊受」「豊宇気」は、「豊かな食物」を意味します。

伊勢神宮に伝わる話によると、第21代**雄略天皇**の夢にアマテラスが現れ、「ひとりでは安らかに食事ができないので、**丹波国**《たんばのくに》（京都府中部、兵庫県北東部）にいる食事の神を呼んできてもらいたい」と告げたため、天皇が丹波国からトヨウケを招き、伊勢の外宮に祀るようになったということです。

このトヨウケビメは、**イザナミノミコト**の尿から出現した神**ワクムスビ**の子で、肥やし（糞尿）のように**農作物の生成を助ける力**をもち、稲を豊かに実らせます。

平安時代の法典『**延喜式**《えんぎしき》』の**祝詞**《のりと》（神へ捧げる言葉）にも登場するほど活躍の場は広く、多くの人々から慕われていた女神でした。各地の『**風土記**』や**神楽歌**《かぐらうた》（神に捧げる舞楽《ぶがく》の歌）の中の女神たちと同一視された可能性もあるということです。

今も伊勢神宮外宮の**豊受大神宮**《とようけだいじんぐう》に鎮座するこの女神は、アマテラスの食事をつかさどる神様としてだけでなく、**衣食住や産業の守り神**として、全国の人々から崇敬されています。

第4章

人々に信仰される神様たち

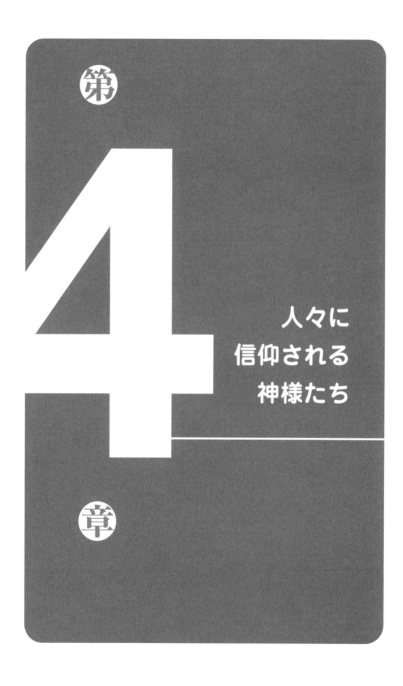

八幡神

地方の神様が朝廷や幕府と結びついた

Keywords
・奈良の大仏
・神仏習合
・武士

奈良の大仏の守護神となる

日本では、『古事記』『日本書紀』に登場する神様以外にも、多くの神様たちが信仰されてきました。この章では、そんな神様たちを紹介していきます。

現在、日本に存在する神社の中で最も多いのが、**八幡神**《はちまんしん》を祀る**八幡神社**《はちまんじんじゃ》です。

八幡神は、もともと九州の**宇佐神宮**《うさじんぐう》（大分県）に祀られる神様です。そのルーツは謎に包まれていて、朝鮮半島からの**渡来人**《とらいじん》が信仰する神だったのではないかという説があります。

地方の神様だった八幡神ですが、いつの間にか、『古事記』『日本書紀』に登場する**応神天皇**《おうじんてんのう》（84ページ参照）と習合し、**皇祖神**と考えられるようになりました。

8世紀、**東大寺**《とうだいじ》**の大仏**が作られた際は、八幡神が宇佐から奈良の都までやってきて、大仏造《ぞう》立《りゅう》を助け、大仏の守護神になったといいます。

現在の私たちから見ると、神道の神様である八幡神が、仏教の大仏を守るというのは妙なことのように思われますが、当時はまだ神道が確立されていませんでした。そして、八幡神が大仏の守護神になったことから、日本の神様への信仰と仏教との融合が進んだのです（**神仏習合**）。

Point 八幡神社の八幡神は、神仏習合の歴史や武士の時代を象徴するような神様である。

神様データ

名前
八幡神、八幡大神

習合したおもな神仏
応神天皇

おもな神社
宇佐神宮（大分）
石清水八幡宮（京都）
鶴岡八幡宮（神奈川）

おもなご利益
武勇長久、勝利祈願、出世開運

武士たちから信仰される神様に

八幡神はやがて、**武家**《ぶけ》**の棟梁**《とうりょう》（武士たちの中の指導的立場）である**源氏**《げんじ》の**氏神**《うじがみ》（一族を守る神）とされました。

12世紀末に**源 頼朝**《みなもとのよりとも》が**征夷大将軍**《せいいたいしょうぐん》となって**鎌倉幕府**《かまくらばくふ》を開くと、八幡神を祀る**鶴岡八幡宮**《つるがおかはちまんぐう》が鎌倉に建てられました。八幡神への信仰は、将軍の家来である**御家人**《ごけにん》の間にも広まり、各地に八幡神社や八幡宮が作られていきました。

室町幕府《むろまちばくふ》（14～16世紀）の**足利氏**《あしかがし》の氏神にも、**江戸幕府**《えどばくふ》（17～19世紀）の**徳川氏**《とくがわし》の氏神にもなり、**武神**として信仰された八幡神は、現在も**勝利**や**出世**、**開運**などのご利益があるとして信仰されています。

稲荷神

狐を従えた大人気の神様には数奇な来歴が！

Keywords
・狐
・稲の神
・仏教

稲の神がほかの神様と習合

私たちにとって身近な神様として、「お稲荷《いなり》さん」がいます。「○○稲荷」と名のつく神社は日本全国にあり、ほかの神社の境内に置かれた**摂社《せっしゃ》**・**末社《まっしゃ》**（216ページ参照）を含めると、その数は**八幡神社**を凌駕《りょうが》します。

「お稲荷さん」といえば**狐《きつね》**のイメージですが、狐は神様ではなく、神様の従者《じゅうしゃ》です（155ページ参照）。狐が仕える**五穀豊穣**や**商売繁盛**の神が、**稲荷神《いなりしん》**なのです。

稲荷神はもともと、**渡来人**の**秦氏《はたし》**が祀った**伊《い》奈利《なり》**という**稲の神**だったと考えられていますが、のちにさまざまな神様と習合していきました。

中心になっているのは、『古事記』などに出てくる穀物の女神**ウカノミタマノカミ**です。その名の「ウカ」は食物を意味し、**トヨウケビメノカミ**（124ページ参照）と同一視されることもあります。

仏教が稲荷信仰を広めた

稲荷神への信仰が広まったことには、**仏教**も関係しています。**真言宗《しんごんしゅう》**の開祖**空海《くうかい》**（**弘法大《こうぼうだい》**

Point 稲の神だった稲荷神は、仏教ともかかわりながら、狐のイメージとともに広く人気を獲得した。

神様データ

名前
稲荷神
習合したおもな神仏
ウカノミタマノカミ 荼枳尼天
おもな神社
伏見稲荷大社（京都） 笠間稲荷神社（茨城） 祐徳稲荷神社（佐賀） ＊豊川稲荷（愛知）、最上稲荷（岡山）などの寺院にも祀られている
おもなご利益
五穀豊穣、商売繁昌

師《し》）が稲荷神と出会ったという伝説が発生し、稲荷信仰の中心である**伏見稲荷大社**《ふしみいなりたいしゃ》（京都府）と、真言宗の総本山である**東寺**《とうじ》（京都府）との間に、密接な関係ができたのです。

そこから稲荷神は、仏教の**荼枳尼天**《だきにてん》とも習合しました。インドの恐ろしい女神をルーツとする荼枳尼天は、中世の日本では、狐に乗った姿で描かれるようになります。

稲荷神と荼枳尼天、どちらの狐のイメージが他方に影響を与えたのかは不明ですが、稲荷神も多くの場合、狐にまたがった絵で表現されます（その姿は女神だったり老人だったりします）。

また、荼枳尼天が**アマテラスオオミカミ**と習合すると、稲荷神も朝廷と結びつきました。稲荷信仰は、神道系と仏教系の両方で広がり、現在のような人気を獲得したのです。

牛頭天王

疫病を退ける大いなる力をもつ

Keywords
・疫病
・蘇民将来
・茅の輪くぐり

疫病の神と蘇民将来

祇園祭《ぎおんまつり》で名高い京都の**八坂神社**《やさかじんじゃ》は、現在、**スサノオノミコト**と妻**クシナダヒメ**、および彼らの8柱の子どもたちを祭神としています。しかし、明治以前は**祇園社**《ぎおんしゃ》という名で、**牛頭天王**《ごずてんのう》という神様と、その后の**頗梨采女**《はりさいじょ》、および彼らの子である**八王子**《はちおうじ》を祀っていました。

牛頭天王は、頭に牛の頭がくっついた異形の神です。その由来ははっきりしていませんが、**疫病**と関係する神で、**武塔天神**《むとうてんじん》あるいは**武塔天**《むとうてん》**王**《のう》という神様と同一視されます（武塔天王の子との説もあります）。

有名なのは、武塔天神と**蘇民将来**《そみんしょうらい》の説話です。武塔天神は、結婚相手を探す旅の途中、ある兄弟と出会い、宿を求めました。裕福な弟の**巨**《こ》**旦将来**《たんしょうらい》は断りましたが、貧しい兄の蘇民将来は、武塔天神を快く迎えます。

のちに武塔天神は疫病を流行させ、巨旦将来の一族を滅ぼします。しかし、蘇民将来の娘には、目印として茅《ち》という植物で作った輪をつけさせ、疫病から守りました。この物語から、**厄**《やく》**除**《よ》**け**のための「蘇民将来子孫家門」と書かれた護符《ごふ》や、**茅の輪くぐり**の行事（茅でできた大きな輪をくぐる）が生まれたといわれます。

Point 牛頭天王はさまざまな神仏と習合して広く信仰されたが、明治時代には排斥されたこともある。

神様データ

名前
牛頭天王、祇園天神

習合したおもな神仏
武塔天神、武塔天王、スサノオノミコト、薬師如来

おもな神社
八坂神社（京都）
廣峯神社（兵庫）
＊現在の祭神はスサノオノミコト

おもなご利益
防災除疫

疫病や災厄を退ける神に

武塔天神は「自分は**スサノオノミコト**である」と名のったこともあるといわれ、牛頭天王、武塔天神、武塔天王、スサノオは、同じ神だと考えられるようになりました。「この神を祀れば**疫病や災厄から逃れられる**」との信仰が広がり、そこから、病気を治してくれるとされる、仏教の**薬師如来**《やくしにょらい》とも習合しました。

明治初期、「日本古来の神様ではない」とされ、牛頭天王を祀っていた全国の祇園社や**天王社**《てんのうしゃ》は、祭神をスサノオに変えられてしまいました。しかし牛頭天王への信仰は残り、たとえば兵庫県の**廣峯神社**《ひろみねじんじゃ》は、「牛頭天王総本宮《そうほんぐう》」を名のっています。

熊野三所権現

仏とも同一視された熊野の神様たち

Keywords
・熊野三山
・権現
・本地垂迹

3柱の主祭神が一体視される

紀伊半島南部の**熊野**地方は、古くから聖地とされていました（176ページ参照）。

その熊野の**熊野本宮大社**《くまのほんぐうたいしゃ》、**熊野速玉大社**《くまのはやたまたいしゃ》、**熊**《くま》**野**《の》**那**《な》**智**《ち》**大社**《たいしゃ》の3つを合わせて、**熊野三山**《くまのさんざん》といいます。三山の主祭神は一体視されることが多く、3柱合わせて**熊野三神**《くまのさんじん》あるいは**熊野三所権現**《くまのさんしょごんげん》と呼ばれます（「権現《ごんげん》」という言葉は、あとですぐに説明します）。熊野本宮大社の社伝《しゃでん》（神社に伝わる資料）によると、第10代**崇神天皇**の時代に、神々が3つの月の姿で地上に降りてきて、それが熊野三所権現になったといいます。

熊野本宮大社の主祭神は、**ケツミミコノカミ**です。その名は「木津御子」とも書かれ、樹木の神を意味すると考えられています。また、**スサノオノミコト**の別名であるともされます。

熊野速玉大社の主祭神は、**クマノハヤタマオノカミ**です。『日本書紀』には**神産み**（40ページ参照）の場面で登場します。なぜ主祭神となったのかは、よくわかっていません。

熊野那智大社の主祭神は、**クマノフスミノカミ**といいます。これもどういった神なのか、よくわかっていません。熊野那智大社では、**イザナミ**の別名であるとしています。

Point 熊野三山の３柱の神様は、仏教の仏と習合して、熊野三所権現とも呼ばれる。

名前：ケツミミコノカミ	名前：クマノハヤタマオノカミ	名前：クマノフスミノカミ
家津美御子神	熊野速玉男神	熊野夫須美神

熊野の「権現」たち

「熊野三所権現」の**権現**とは、「仮の姿」という意味です。特に、神を仏の化身《けしん》とみなすときに使われます。神への信仰と仏への信仰が融合した**神仏習合**の時代（172ページ参照）には、「神とは、仏が人々を救うためにこの世に現してくれた仮の姿である」とする**本地垂迹《ほんじすいじゃく》思想**が広がっていたのです。熊野三山の主祭神たちも、ケツミミコは**阿弥陀如来《あみだにょらい》**、クマノハヤタマオは**薬師如来**、クマノフスミは**千手観音《せんじゅかんのん》**の化身とされました。

これら3柱を中心とする熊野の神様たち（全部で12柱）は、全国の**熊野神社《くまのじんじゃ》**や**十二所神社《じゅうにしょじんじゃ》**、**十二社神社《じゅうにしゃじんじゃ》**などでも祀られています。

金毘羅大権現

インドから来た海上安全や大漁成就の神様

Keywords
・金毘羅参り
・海
・神仏習合

大人気の金毘羅参り

江戸時代、一般の人が遠方に旅行することは制限されていました。数少ない例外のうちのひとつが、神社やお寺への参拝です。

これで人気が出たのが、**伊勢神宮**への**おかげ参り**（190ページ参照）や、**熊野三山**への**熊《くま》野《の》詣《もうで》**（177ページ参照）ですが、それらに次ぐほどの人気があったのが**金毘羅《こんぴら》参り**で、多くの人々が四国の**金刀比羅宮《ことひらぐう》**（香川県）をめざしました。

この金刀比羅宮に江戸時代まで祀られていた神様を、**金毘羅大権現《こんぴらだいごんげん》**といいます。

もともとはインドの**クンビーラ**という神様だったのが、仏教の守護神として日本にやってきて、「金毘羅さん」や「金毘羅大権現」と呼ばれるようになりました。**海上の安全**を守り、**大漁**をもたらしてくれる神様とされています。

主祭神は交代したが……

江戸時代までは、神道と仏教などの信仰が混じり合った**神仏習合**が一般的でした。当時の金刀比羅宮も「象頭山《ぞうずさん》金毘羅大権現」と呼ばれ、

Point インドをルーツとする金毘羅大権現は、海の神様として多くの参拝者を迎える。

神様データ

名前

金毘羅大権現
金毘羅さん

習合したおもな神仏

オオモノヌシノカミ

おもな神社

金刀比羅宮（香川）
安井金比羅宮（京都）
＊現在の祭神はオオモノヌシノカミ

おもなご利益

海上安全、大漁成就

真言宗の**松《まつ》尾《お》寺《でら》**というお寺の一部となっていました。

しかし、明治に入ってすぐ、政府が「神社から仏教的側面を排除し、神社と寺の区別をはっきりさせるように」という**神《しん》仏《ぶつ》判《はん》然《ぜん》令《れい》**を出します（194ページ参照）。

これを受けて松尾寺と金毘羅大権現が切り離され、金刀比羅宮という神社ができて、主祭神は**オオモノヌシノカミ**（108ページ参照）とされました。

しかし今でも、金刀比羅宮の神様を指す通称として「金毘羅さん」や「金毘羅大権現」が使われており、海上安全や大漁成就のご利益があるとみなされることも少なくありません。特に、漁業者や海運業者、船員などからの信仰を集めています。

七福神

インド・中国・日本出身の神々が一堂に会する

Keywords
・聖数
・富
・幸福

7人セットの福の神

「七不思議」「親の七光り」など、7の数字がつく言葉はたくさんあります。仏教で7が聖数《せいすう》とされ、その影響が日常生活に広がったのです。

日本の神様にも、7人でひと組とされる**七福《しちふく》神《じん》**がいます。その顔ぶれは、一般的には**恵比須《えびす》**、**大黒天《だいこくてん》**、**毘沙門天《びしゃもんてん》**、**弁財天《べんざいてん》**、**布袋《ほてい》**、**福禄寿《ふくろくじゅ》**、**寿《じゅ》老人《ろうじん》**で、いずれも**富**や**幸福**をもたらしてくれる福の神です。7人セットの信仰は、商工業が発達して富を求める人が増えた室町時代に始まり、江戸時代にかけて定着していったようです。

それぞれの出自は？

もとから日本の神様だったのは恵比須だけです。大黒天、毘沙門天、弁財天は、古代インドで誕生し、のちに日本に入ってきました。

布袋は、900年前後に実在した中国の僧で、伝説化して神として扱われるようになりました。

福禄寿と寿老人は、中国の**道教《どうきょう》**という宗教由来の神様で、ふたりは同じ神様とみなされることもあります。その場合、七福神にはもうひとり、インドの古代神話に由来する**吉祥天《きっしょうてん》**などが入ります。

Point さまざまな出自の神様たちが集結して、有名な福の神のチームである七福神を形成している。

名前
毘沙門天、多聞天
習合したおもな神仏
バイシュラバナ（インド）
クベーラ（インド）
おもな神社
末廣神社（東京）
＊鞍馬寺（京都）などの寺院にも祀られている

名前
弁財天
習合したおもな神仏
サラスバティー（インド）
宇賀神
おもな神社
江島神社（神奈川）
＊宝厳寺（滋賀）、大願寺（広島）などの寺院にも祀られている

名前
布袋
おもな神社
中の沢布袋神社（北海道）
＊萬福寺（京都）などの寺院にも祀られている

名前
寿老人
習合したおもな神仏
南極老人
（南極星の化身）

名前
恵比須、恵比寿、蛭児
習合したおもな神仏
コトシロヌシノカミ
ヒルコ
おもな神社
西宮神社（兵庫）
美保神社（島根）
堀川戎神社（大阪）

名前
大黒天
習合したおもな神仏
オオクニヌシノカミ
摩訶迦羅
おもな神社
神田明神（東京）
＊大黒寺（大阪）などの寺院にも祀られている

名前
福禄寿、福禄人
習合したおもな神仏
天南星、南極老人
（南極星の化身）

宇賀神

体が蛇、頭が人間の、富をもたらす神

蛇のイメージをもつ福の神

とぐろを巻いた状態の蛇を胴体とし、その上に人間の頭部が載《の》っている姿（**人頭蛇身**《じんとうじゃしん》）の神像があります。頭部は男性だったり女性だったりで、年齢は一定していません。福をもたらす神とされる**宇賀神**《うがじん》です。

この宇賀神は、どう誕生したのか、よくわかっていません。名前が近いことから、『古事記』『日本書紀』に登場する**ウカノミタマノカミ**と関連があるとする考え方もあります。ウカノミタマは稲の精が神格化された神で、食物や五穀をつかさどるとされます。

宇賀神の胴体が蛇である理由について、江戸時代中期の天野信景《あまのさだかげ》（1663～1733年）という国学者は、「宇賀」が古代インドのサンスクリット語の「ウガヤ」に当たり、**白蛇**を意味するとしています。ただ、これはいくつかある推測のひとつでしかありません。

白蛇そのものを宇賀神と呼び、神様として祀る例も見られます。蛇はよく田にいて、米を食い荒らす鼠の天敵でもあるため、豊作をもたらす田の神とされることがあります。この蛇が、五穀の神のウカノミタマを経由して、宇賀神と結びついたようです。

Keywords
・蛇
・稲
・弁財天

Point 人頭蛇身の宇賀神は、ウカノミタマノカミや弁財天などとも同一視される。

神様データ

名前	宇賀神
習合したおもな神仏	弁財天、稲荷神、ウカノミタマノカミ
おもな神社	銭洗弁財天宇賀福神社（神奈川） 各地の宇賀神社
おもなご利益	金運

弁財天などと同一視される

宇賀神は、**神仏習合**の考え方のもとでは、**七福神**のうちの1柱である**弁財天**（136ページ参照）と同一視されました。

そのことを反映して、弁財天の像の頭部にある宝冠の中に、人頭蛇身の宇賀神像が小さく作られていることも少なくありません。

このように宇賀神が合体した弁財天は特に、**宇《う》賀《が》弁財天《べんざいてん》**と呼ばれます。弁財天と結びついたことで、宇賀神に対する信仰はさらに広まりました。

宇賀神はまた、**稲荷神**（128ページ参照）とも習合しました。そのため、多くの**稲荷神社**にも祀られています。

庚申様

道教に起源をもつ独特な信仰の神様

Keywords
・道教
・青面金剛
・三猿

徹夜で三尸を見張る庚申待

「庚申塔《こうしんとう》」と刻まれた石碑を見たことはないでしょうか。それは、**庚申様**《こうしんさま》という神様への信仰にもとづいて建てられた記念碑です。

庚申信仰は、中国の**道教**に起源をもちます。

道教では、人の体には**三尸**《さんし》という3匹の虫が棲んでいるとされます。この虫は、60日に一度めぐってくる「庚申《かのえさる》」という日、人が寝ている間に体から抜け出して天に昇り、その人が犯した罪を**天帝**《てんてい》（天上にいる最高神）に告げ口するのです。告げ口された人は、早死にしてしまうといいます。

これを防ぐには、庚申の日には徹夜をし、三尸が抜け出さないようにする必要があります。そこで、神様の像や絵を祀って徹夜で飲み食いする、仲間どうしの集まりが行われました。

これを**庚申待**《こうしんまち》といい、このとき祀られた神様が庚申様です。

庚申待の際、どんな像や絵を神様として祀るかは決まっていませんが、多かったのは、病魔を追い払い、三尸を喰らうとされる**青面金剛**《しょうめんこんごう》でした。あるいは、庚申の「申《さる》」の字にちなんで、「見ざる」「言わざる」「聞かざる」の**三猿**《さんざる》の場合もありました。

Point 三尸という虫が体から抜け出さないように徹夜で見張る際、庚申様という神様を祀った。

神様データ

名前

庚申様、庚申さん

習合したおもな神仏

青面金剛、帝釈天、サルタビコノカミなどの中から選ばれて祀られる

おもな神社

庚申堂（大阪）
各地の庚申塚

おもなご利益

悪病退散、病気平癒

庚申塔は信仰が盛んだった証

庚申待が3年間、18回続けられたところに建てられたのが、冒頭でふれた**庚申塔**です。**庚申塚**《こうしんづか》ともいいます。これらをどのように作るか、形式は特に決まっておらず、自然石に「庚申」とだけ刻んだものや、青面金剛を刻んだ石仏《せきぶつ》風のものなどがあります。

庚申塔は、今でも全国の田舎道などにたくさん残っており、盛んに庚申様が信仰されていた証拠となっています。

道教に起源をもち、広く親しまれた神様には、ほかに**鍾馗**《しょうき》もいます。疫病神《やくびょうがみ》を追い払うとされ、黒い髭をたくわえた姿は、**五月人形**《ごがつにんぎょう》として人気があります。

09

道祖神

素朴な信仰から始まった村を守る神様

Keywords
・村
・道中の安全
・地蔵菩薩

悪霊・疫病が入ってくるのを防ぐ

かつて、悪霊や疫病は、村と村の境、峠《とうげ》、辻《つじ》などから、村に入ってくると考えられていました。それらをはね返すために、**道祖神**《どうそじん》という神様が祀られるようになりました。

「村を守って繁栄させる」という観点から、道祖神には、**五穀豊穣**、**縁結び**、**夫婦和合**、**子孫繁栄**などのご利益も期待されるようになりました。また、交通の要衝《ようしょう》になる峠や道の分かれ目にあるため、旅人が**道中の安全**を祈って供《そな》え物を手向《たむ》けることも多く、**手向けの神**との別名があります。

道祖神は、素朴な民間信仰から始まっており、何をご神体とするかはさまざまです。最も多く見られる素材は石で、自然石を道端に置いているだけのことも珍しくありません。夫婦和合、子孫繁栄のご利益への期待から、**陰**《いん》**陽石**《ようせき》（男女の性器に似た形の石）を安置することもあります。

サルタビコと同一視される

男女2体が刻まれた道祖神は、特に**双体道祖**《そうたいどうそ》

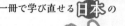

Point 村を守ってくれているという道祖神は、旅人にとっては、道中の安全の神様でもある。

▲（左右）鳥取県で見られる道祖神。「サエノカミ」「サイノカミ」などと呼ばれる。右の写真の道祖神は、サルタビコノカミとアメノウズメノミコトの姿をしている。（写真：鳥取県立博物館所蔵）

神《じん》と呼ばれ、多くは『古事記』『日本書紀』にも出てくる**サルタビコノカミ**（116ページ参照）と、その妻の**アメノウズメノミコト**（10ページ参照）をかたどっています。というのも、サルタビコは、**ニニギノミコト**が高天原から地上に降りた際に道先案内をしたとされ、道中の安全の神様として信仰を集めているため、道祖神と同一視されるようになったのです。

道祖神というと、野ざらしにされているようなイメージがあるかもしれませんが、全国各地に、道祖神を祀る**道祖神社**《どうそじんじゃ》もあります。そこでもサルタビコとアメノウズメが祭神として祀られています。

道祖神はまた、仏教の**地蔵菩薩**《じぞうぼさつ》と習合しました。お地蔵さんが集落の入り口などに立っているのも、道祖神と同一視されたためです。

方位の神様

東西南北それぞれに霊獣が棲んでいる

Keywords
・古墳
・四神相応
・陰陽道

古墳の壁画に描かれた四神

古代中国では、天には東西南北の方角ごとに霊獣《れいじゅう》（めでたい動物）の姿をした神様がいると考えられていました。東には**青龍**《せいりゅう》（青い龍）、西には**白虎**《びゃっこ》（白い虎）、南には**朱雀**《すざく》（赤い鳥）、北には**玄武**《げんぶ》（亀と蛇が合体した想像上の動物）、合わせて**四神**《しじん》といいます。

四神は、飛鳥《あすか》時代にはすでに日本に伝わっていました。奈良県の明日香村《あすかむら》にある**キトラ古墳**《こふん》の石室《せきしつ》内の壁には、四神が極彩色《ごくさいしき》で描かれています。この絵は、埋葬《まいそう》された人を守護するのが目的だと考えられています。

四神を地上に当てはめた場合、棲《す》み処《か》に適した地形があるとされます。この考え方を**四神相**《しじんそう》**応**《おう》といいます。

玄武には丘陵《きゅうりょう》、青龍は流水、白虎は大道、朱雀はくぼ地がふさわしいとされ、これらの地形に囲まれた土地を都にすると、その都は四神に守られて繁栄すると信じられました。

奈良の**平城京**《へいじょうきょう》や、京都の**平安京**《へいあんきょう》も、この四神相応の地に造られたとする見方があります。たとえば平安京の場合、丘陵は船岡山《ふなおかやま》、流水は鴨《かも》川《がわ》、大道は山陰道《さんいんどう》、くぼ地はかつてあった湿地の巨椋池《おぐらいけ》とされます。

Point 方位の神様には、青龍、白虎、朱雀、玄武という「四神」のほか、歳徳神、金神もいる。

恵方巻きも神様と関係がある

歳徳神《としとくじん》と金神《こんじん》も、方位にかかわる神様です。その起源は、古代中国の世界観をもとに日本で発達した陰陽道《おんみょうどう》という考え方にあります。

歳徳神のいる方位を恵方《えほう》といい、縁《えん》起《ぎ》がよいとされます。ただし、その方位は毎年変わります。これにちなむのが、節分《せつぶん》に恵方に向けて巻き寿《ず》司《し》を丸かじりする恵《え》方《ほう》巻《ま》きの慣習です。

一方、金神のいる方位は大凶で、その方角への引っ越しなどはしてはいけないとされます。しかも、その方位は短期間で複雑に変化するといいます。

オシラサマ

馬と女性で夫婦となった養蚕の神様

Keywords
・柳田國男
・民間信仰
・座敷童子

東北に伝わる悲しい物語

昔あるところに、父と娘が、一頭の馬と暮らしていました。娘は馬を好きになり、毎夜、厩《うまや》に行って寝て、とうとう夫婦になりました。

これを知った父は、馬を連れ出し、桑《くわ》の木につり下げて殺してしまいます。娘は、死んだ馬の首にすがって嘆きました。

父が腹を立て、斧で馬の首を切り落としたところ、娘はその首に乗って天に飛び去りました。こうして、馬と娘は**オシラサマ**という神様になったのです。

東北地方で広く信仰されるオシラサマは、高さ30センチほどの一対の人形（馬と女性）として、神棚《かみだな》にも祀られます。**農耕の神様**であり、また、この物語に蚕《かいこ》の餌《えさ》となる桑が出てくることなどから、**養蚕《ようさん》の神様**ともされます。

オシラサマの由来の物語は、民俗学者**柳《やなぎ》田《た》國《くに》男《お》**（162ページ参照）の名著『**遠野《とおの》物語《ものがたり》**』でも紹介されており、たいへん有名です。

民間信仰の神様たち

このオシラサマのように、神社や寺といった

Point 日本の各地には、オシラサマや田の神、座敷童子といった興味深い民間信仰が根づいている。

神様データ

名前

オシラサマ
オシラボトケ
＊オシンメイ様（福島）、オクナイ様（岩手・山形）などとも同じ神様だと考えられている

おもなご利益

農業・養蚕の成功、家運繁栄

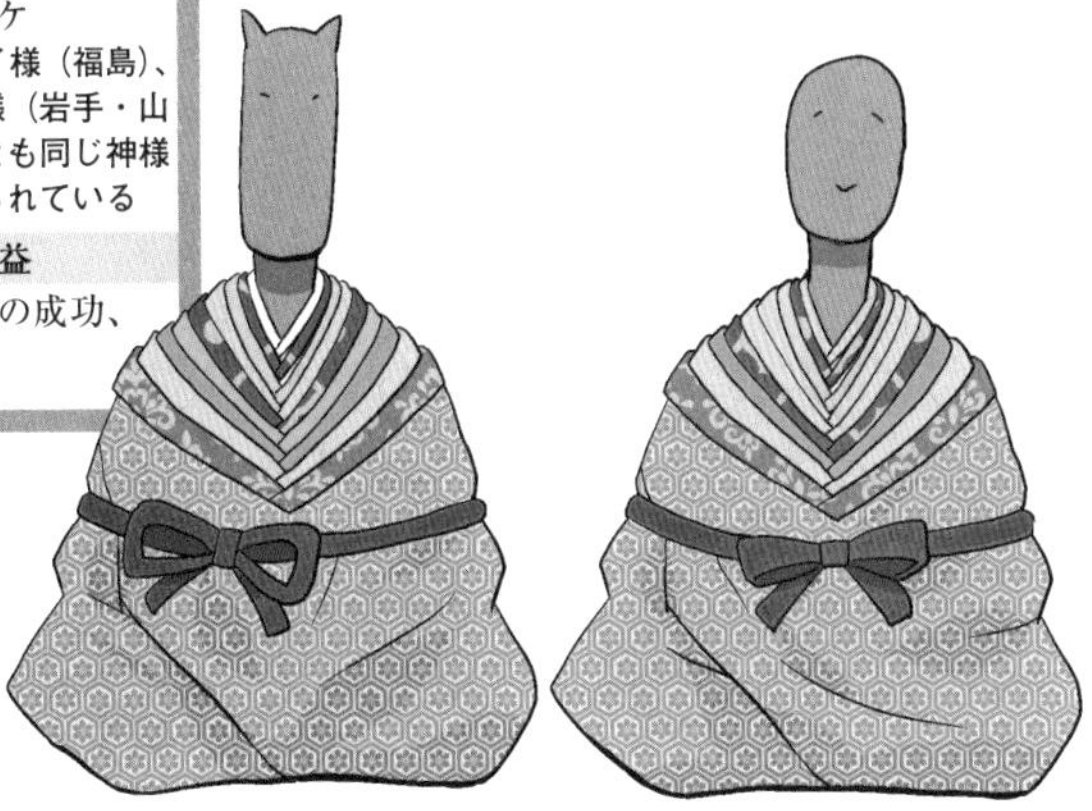

組織とは別に、地域住民の日常生活の中で作られた宗教的現象を、**民間信仰**《みんかんしんこう》といいます。

民間信仰の典型的な対象のひとつは、春に稲作が始まる頃に山から来て、秋の収穫の頃に山に戻ると信じられている**田の神**です。田の神をお祀りするには、田の畦《あぜ》などに注連縄《しめなわ》を張り、お酒などを供えます。

座敷童子《ざしきわらし》も、東北の民間信仰の対象です。妖怪とも神様ともされますが、見た目は5、6歳の子どもです。古くて大きな屋敷に住んでいて、夜中に現れ、屋敷の中をうろうろしたり、寝ている人の体の上に乗ったりします。

座敷童子がいる間は家が栄え、いなくなると没落してしまいます。そのため、座敷童子が現れた家では、怖がることなく、大切にするのがよいとされています。

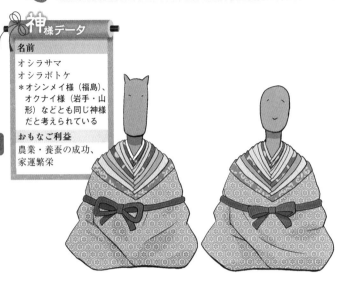

天神（菅原道真）

恨みを抱えて没した人間が学問の神様に

Keywords
・実在の人物
・怨霊
・大宰府

異例の出世ののち左遷

神社に祀られる祭神の多くは、『**古事記**』『**日本書紀**』に登場する神様ですが、実在の人物が祭神となる場合もあります。

その場合、歴史に残るほどの偉人になるか（152ページ参照）、大きな恨《うら》みを抱いて死ぬことで**怨霊**《おんりょう》とみなされる必要があるようです（150ページ参照）。

そのふたつの条件の両方を満たした人がいます。**菅原道真**《すがわらのみちざね》（845〜903年）です。

道真は、若い頃から学者として高く評価されていました。政治家としても昇進を重ね、899年には右大臣《うだいじん》（左大臣《さだいじん》とともに最高位の官職のひとつ）となります。

しかし2年後に、九州を統括する**大宰府**《だざいふ》という役所へと左遷《させん》されました。左大臣の**藤原時平**《ふじわらのときひら》に陥《おとし》れられたのだろうという話が、歌舞伎《かぶき》などで有名になっています。道真は失意のまま、京の都に戻ることなく亡くなりました。

そののち、恐ろしいことが起こりはじめます。時平が病死する（909年）など、藤原氏が次々に死去。さらには、天皇が生活する**清涼殿**《せいりょうでん》に雷が落ちて、道真左遷の関係者らが即死したのです（930年）。

Point 菅原道真は、大宰府に左遷されて亡くなったのち、祟りを恐れられ、鎮められて天神となった。

▲《北野天神縁起絵巻》（部分）。菅原道真が雷神の姿で、宮廷の人々を襲っている。（画像：メトロポリタン美術館所蔵）

道真鎮霊のための北野天満宮

これらの禍《わざわい》は、恨みを抱えて死んだ道真が起こしたものだと噂《うわさ》されました。そこで９４７年、道真の恨みを鎮めるための社殿が建てられました。これが、京都にある**北野天満宮**《きたのてんまんぐう》です。

道真も神社も、通称を**天神**《てんじん》**さん**といいます。これは「雷や天候などを支配する神」といった意味です。清涼殿に落ちた雷などから、道真は天神と結びついたのです。

やがて時代が下っていくと、人々の関心は、道真が学者だったことや、漢詩や和歌が得意だったことに向かっていきました。道真（天神）は、**学問の神様**として信仰を集め、現在に至っています。

さまざまな御霊

怨霊を神社に祀ることで祟りを鎮める

Keywords
・怨霊
・祟り
・御霊信仰

早良親王

古代の人々は、干ばつや地震などの天変地異が起こったり、疫病が大流行したりすると、「非業《ひごう》の死を遂げた人が**怨霊**となって**祟り**をなしているのだ」と考えました。

怨霊を鎮めるために、祭礼が行われたり、その怨霊を祀る神社が建てられたりしました。こうやって神様として扱われるようになった怨霊のことを、**御霊**《ごりょう》と呼びます。

最初の御霊は、８世紀後半の**早良親王**《さわらしんのう》だとされます（諸説あり）。

彼は、**平安京**を都としたことで知られる**桓武**《かんむ》**天皇**《てんのう》の弟で、皇太子でした。しかし、朝廷の有力者である**藤原種継**《ふじわらのたねつぐ》が暗殺された際（７８５年）、これにかかわったとして、淡路島へ向けて流され、到着する前に亡くなります。遺体はそのまま淡路島に送られ、葬られました。

そののち、桓武天皇と早良親王の生母である**高野新笠**《たかののにいがさ》が病死し、都には疫病が流行ります。これらは早良親王の祟りとされました。

桓武天皇は早良親王の遺骨を奈良に改葬し、さらには、「崇道天皇《すどうてんのう》」という称号を贈りました。また、鎮霊のために、京都に**上御霊神社**《かみごりょうじんじゃ》を建てて、早良親王を祭神としたのです。

Point 恨みを抱いて死んだ人の霊を「御霊」として祀る「御霊信仰」が、平安時代以降本格化した。

御霊とされたおもな人たち

人物名	生没年	エピソードなど	祀られるおもな神社
早良親王	750頃～785年	ほかの御霊たちとともに「八所御霊」として祀られる。	上御霊神社（京都） 下御霊神社（京都）
菅原道真	845～903年	大宰府に左遷された。恐れられて「天神」となり、学問の神様に。	太宰府天満宮（福岡） 北野天満宮（京都）
平将門	生年不詳～940年	死後、斬られた首が胴体を求めて飛んだという伝説も。	神田明神（東京） 國王神社（茨城）
崇徳天皇	1119～1164年	恨みから「日本国の大魔王」になると宣言したという。	白峯神宮（京都） 鼓岡神社（香川）

▲このほかにも、多くの「御霊」に対する信仰があった。

日本三大怨霊

ほかにも、御霊とされた歴史上の人物は大勢います。有名なのは、10世紀、朝廷に対する反乱を起こして敗死した**平将門**《たいらのまさかど》と、12世紀、武士の**平氏**《へいし》と**源氏**を巻き込んだ朝廷の争い**保元**《ほうげん》**の乱**で敗れ、**讃岐国**《さぬきのくに》（香川県）に流された**崇徳天皇**《すとくてんのう》でしょう。

ふたりとも死後、怨霊となって疫病を流行させたと考えられました。彼らと、今は学問の神様とされている**菅原道真**（148ページ参照）とを合わせて、**日本三大怨霊**といった呼び方をすることもあります。

現在、平将門は東京の**神田明神**など、崇徳天皇は京都の**白峯神宮**《しらみねじんぐう》などに祀られています。

古代の歌人、戦国武将、近代軍人も祭神に
神様として祀られた人たち

Keywords
・三英傑
・明治維新
・日露戦争

歴史の主役たちが祀られる

戦国武将の中でも「三英傑」と呼ばれる**織田《おだ》信長《のぶなが》**・**豊臣秀吉《とよとみひでよし》**・**徳川家康《とくがわいえやす》**も、神様として祀られています。

最初に神様として祀られたのは、秀吉です。死後すぐに、秀吉を祭神とする**豊国神社《とよくにじんじゃ》**も作られました。しかし、**大坂《おおさか》夏の陣**（1615年）で豊臣家が徳川家に滅ぼされると、豊国神社は取り壊されてしまいました。現在、各地に豊国神社がありますが、それらは明治になって再建されたものか、新しく作られたものです。

信長も、京都などにある**建勲神社《たけいさおじんじゃ》**の祭神になっています。ただし、神社の歴史は古くはなく、明治時代に入ってから作られたものです。長く神様として信仰されたのは、**江戸幕府**を開いた家康でした。神様になってからの家康は、医薬をつかさどる仏**薬師如来**の生まれ変わりとされ、**東照大権現《とうしょうだいごんげん》**と呼ばれました。

家康を祀る神社を**東照宮《とうしょうぐう》**といい、その総本社は、栃木県の**日光東照宮《にっこうとうしょうぐう》**です。江戸時代、各地の**藩《はん》**を治める**大名《だいみょう》**たちが、日光東照宮から霊の分身を移して（**勧請《かんじょう》**、203ページ参照）、自分の領内に東照宮を建てたため、家康への信仰も全国に広がりました。

Point 人間が「神様」として神社に祀られ、信仰の対象となったケースも多い。

「神様」となった有名人たち

人物名	生没年	どういう人物か	祀られるおもな神社
柿本人麻呂	生没年不詳	飛鳥時代の歌人。	高津柿本神社（島根）
織田信長	1534～1582年	天下統一をめざした戦国武将。	建勲神社（京都）
豊臣秀吉	1537～1598年	天下を統一した戦国武将。	豊国神社（京都）
徳川家康	1542～1616年	将軍となり江戸幕府を開いた。	日光東照宮（栃木）
二宮尊徳	1787～1856年	江戸時代後期の思想家。	報徳二宮神社（神奈川）
西郷隆盛	1827～1877年	政治家。日本の近代化に貢献。	南洲神社（鹿児島）
東郷平八郎	1848～1934年	軍人。日露戦争で活躍。	東郷神社（東京）
乃木希典	1849～1912年	軍人。日露戦争で活躍。	乃木神社（東京）

▲特に近世以降は、多くの人々が「神様」として信仰されるようになった。

「天下人」以外も神様に

家康の東照宮に倣《なら》って、各地の大名も、初代藩主などを祀る神社を作りました。伊達家《だてけ》（仙《せん》台藩《だいはん》）の**青葉神社**《あおばじんじゃ》（宮城県）、前田家《まえだけ》（加賀藩《かがはん》）の**尾山神社**《おやまじんじゃ》（石川県）などです。

明治に入ってからも、神様とされた人たちがいます。**明治維新**《めいじいしん》で活躍した**西郷隆盛**《さいごうたかもり》は、**南洲神社**《なんしゅうじんじゃ》（鹿児島県）に祀られています。**日露戦争**《にちろせんそう》（1904～1905年）で軍を指揮した**乃木希典**《のぎまれすけ》と**東郷平八郎**《とうごうへいはちろう》には、それぞれ**乃木神社**《のぎじんじゃ》（東京都）と**東郷神社**《とうごうじんじゃ》（東京都）があります。

また、飛鳥時代の歌人**柿本人麻呂**《かきのもとのひとまろ》や、江戸時代後期の農村指導者**二宮尊徳**《にのみやそんとく》（**二宮金次郎**《にのみやきんじろう》）なども、神様として神社に祀られています。

神使と眷属

神様に準ずる扱いを受けたお使いの動物

Keywords
・動物
・神使
・眷属

奈良の鹿は神様のお使い

春日大社や**東大寺**のある奈良公園に行くと、**鹿**がたくさんいます。約1300頭いるとされるその鹿たちは、だれかに飼われているわけではなく、野生です。通常の野生鹿と違って人を恐れないのは、地元の人に大事にされているからです。

春日大社の由来を記した社伝によると、同社の主祭神である**タケミカヅチノオノカミ**（110ページ参照）は、もともと**常陸国**（茨城県）の**鹿島神宮**にいて、白い鹿に乗って奈良へ来たとされています。そして、奈良公園に現在いる鹿は、その鹿の子孫だともいわれるのです。

このように、神様とつながりが深い動物は、その神様の使いとして、信仰の対象にもなりました。これを**神使**《しんし》といいます。奈良の鹿も神使とされ、殺したり傷つけたりすると処罰を受けました。

ほかによく知られている神使としては、**八幡神**（126ページ参照）の鳩、**熊野三所権現**（132ページ参照）の**烏**、**天神**（148ページ参照）の**牛**などがあります。

神使となる生き物は多彩で、哺乳類《ほにゅうるい》や鳥類だけではなく、亀や鯉《こい》、鰻《うなぎ》などもいます。

Point 神様のそばにいる動物たちは、「神使」や「眷属」と呼ばれ、信仰の対象になることもある。

▲森二鳳《稲荷狐図》。「稲荷神」の「眷属」である狐が描かれている。(画像：関西大学アジア・オープン・リサーチセンター所蔵)

稲荷神の眷属としての狐

神様と縁の深い動物として有名なのは、何といっても、**稲荷神**（128ページ参照）の**狐**でしょう。「お稲荷さん」の狐は、**眷属**《けんぞく》と呼ばれることもよくあります。

眷属は神使とよく似た概念ですが、「同じ一族」を表し、「侍者」「従者」「取り巻き」を意味する仏教用語でもあります。たとえば、**十二**《じゅうに》**神将**《しんしょう》と呼ばれる12人ひと組の仏様は、医薬や健康をつかさどる**薬師如来**の眷属です。

狐は、神様の一族に近い位置づけを与えられているのです。**伏見稲荷大社**の境内には、**白狐**《びゃっこ》**社**《しゃ》という末社（216ページ参照）があり、狐が1柱の神様として祀られています。

さまざまな妖怪

天狗や河童も信仰の対象に!?

Keywords
・天狗
・河童
・付喪神

妖怪の代表格　天狗

昔の人たちは、理解を超える怪奇な現象があると、霊の仕業と考えました。この霊を**妖怪**《ようかい》といい、信仰の対象となった妖怪もいます。

空を自由に飛べる**天狗**《てんぐ》は、子どもをさらうという話がある一方で、厄災を取り除いてくれるともいわれます。鼻が高く、赤ら顔で、背が高いとされ、**サルタビコノカミ**（116ページ参照）としばしば混同されます。祭礼などに、サルタビコに扮《ふん》した人が登場するときは、天狗の姿であることが珍しくありません。

▼天狗の絵。（画像：アメリカ合衆国議会図書館所蔵）

Point 天狗や河童といった「妖怪」も、信仰の対象として、神様のように祀られることがある。

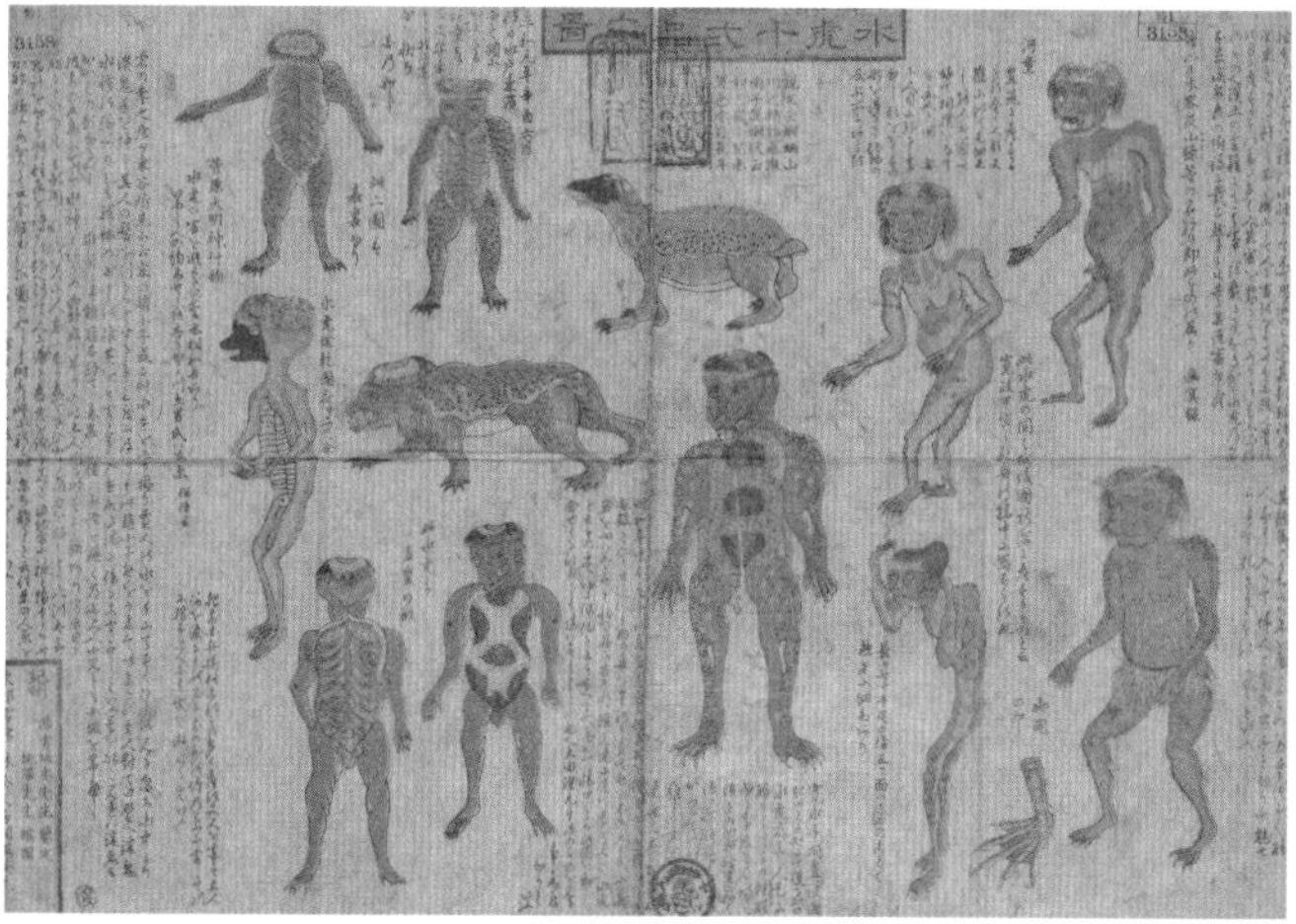

▲江戸時代後期の《水虎十二品之図》に描かれた河童。（画像：国立国会図書館デジタルコレクション所蔵）

河童は水の神様の使い？

水中や水辺に棲むとされる**河童**《かっぱ》も、代表的な妖怪です。体格は5、6歳の子ども程度で、口先はとがり、背中には甲羅《こうら》、手足には水かきがあります。

人や馬を溺《おぼ》れさせるという怖い話もありますが、人を助けてくれるエピソードも少なくありません。水の神様の使いとする地方もあり、宮城県の**磯良神社**《いそらじんじゃ》や佐賀県の**佐嘉神社**《さがじんじゃ》などには、木彫《きぼ》りの河童が祀られています。

食器などの道具類が100年以上の時を経て命をもつとされる**付喪神**《つくもがみ》も、妖怪の一種とされます。ほかにも日本中で、数えきれないほど多様な妖怪たちが語り伝えられています。

琉球王国では独自の信仰が育った

沖縄の神様たち

Keywords
・琉球神道
・御嶽
・おなり神

最も重要な神様アマミキヨ

かつて沖縄は、**琉球王国**《りゅうきゅうおうこく》という独立した国でした。江戸時代に**薩摩藩**《さつまはん》（鹿児島）の支配を受けるようになってからも、この琉球王国は存続します。

1650年、この半独立状態の中で、琉球王国最初の正史である『**中山世鑑**《ちゅうざんせいかん》』が作られました。これは、ちょうど古代日本の『日本書紀』に相当します。

『中山世鑑』には、記紀神話の**アマテラスオオミカミ**と同じくらい重要視される、女性の神様が登場します。**アマミキヨ**です。『中山世鑑』には、琉球王国の始まりが次のように書かれています。

アマミキヨは、**天帝**（天上の最高神）から命じられ、海しかなかったところに島を作り、その島々に草や木を植えました。数万年ののち、彼女は天帝に頼んで、ひと組の男女を島に降ろしてもらいます。そのふたりの間に3男2女が生まれ、それぞれが王をはじめとする身分・職業の始まりとなりました。

また、別の言い伝えでは、アマミキヨ本人が、男性の神様シネリキヨとの間に3人の子どもをもうけたとされます。

Point 沖縄には独自の信仰の伝統があり、アマミキヨやおなり神などが崇拝されていた。

▲沖縄県南城市浜川原海岸にある「御嶽」の「ヤハラヅカサ」。女神アマミキヨが琉球にやってきて、最初に上陸した場所とされる。（写真：沖縄県南城市教育委員会所蔵）

琉球神道の御嶽

アマミキヨなどを神様とする、沖縄独自の神道を、**琉球神道**《りゅうきゅうしんとう》といいます。多くの神様がいる**多神教**《たしんきょう》であるところは、本土の神道と似ていますが、違いも少なくありません。

たとえば、琉球神道で神様が祀られる**御嶽**《うたき》という聖地は、本土の神道の神社とは違い、神様の居場所である社殿《しゃでん》をもちません。神様は祭祀のときだけ降臨するといいます。

沖縄独自の信仰には、**おなり神**《がみ》もあります。女性はだれでも、男兄弟を霊的に守護する力があるとされ、男兄弟から神として崇《あが》められていたのです。特に国王の姉妹は**聞得大君**《きこえおおきみ》（**チフィジン**）といい、最高位のおなり神でした。

神様18 アイヌの神様たち

動植物や自然現象のすべてに霊魂が宿る

Keywords
・ラマッ
・カムイ
・イヨマンテ

ラマッとカムイ

奈良や京の都から遠く離れた、北海道やその周辺には、本州などとは違う文化が育っていました。

北海道全域に住んでいて、独自の文化を生み出した民族を、**アイヌ**といいます。

そのアイヌの世界観や信仰を理解するためのキーとなる概念が、**ラマッ**（霊魂）と**カムイ**（神）です。

アイヌは、あらゆる動植物、道具類、自然現象、さらに病気までがラマッ（霊魂）をもっているると信じていました。

そのラマッの中で、重要なはたらきをするもの、自分たち人間の力が及ばないものなどが、カムイ（神）と呼ばれるのです。

舟・臼《うす》・杵《きね》などの道具類にはカムイが宿るとされました。また、雷・地震・津波といった災害をもたらす自然現象や、流行り病にもカムイが宿ります。これらは、悪いカムイです。

ラマッは不滅のものであり、人間の世界**アイヌモシリ**での役割を終えると、神の世界**カムイモシリ**に戻っていきます。また、カムイモシリにいるときのラマッは、人間の姿をしていると考えられていました。

Point アイヌの人々は、あらゆるものに霊魂があると考え、中でも重要なものを「カムイ」と呼んだ。

▲『蝦夷島奇観』に描かれた、イヨマンテの準備の様子。アイヌの集落の人々は、神様との別れを惜しみ、熊の檻を囲んで踊っている。（画像：ブルックリン美術館所蔵）

魂を送るイヨマンテ

カムイの中でも特別視されたのが、北海道最大の陸上動物である**熊**に宿るカムイでした。

この熊などのカムイをカムイモシリに送るのが、アイヌの代表的宗教儀礼とされる、有名な**イヨマンテ**です。

まず春先に、生まれたばかりの仔熊を捕らえ、連れ帰って大事に育てます。熊の姿を借りてやってきたカムイを丁重にもてなすわけです。

ふた冬ほど育てたあと、集落を挙げて儀礼を行って、熊を殺し、その肉をみんなで食べます。これは、見送りの宴を開いて、カムイに帰ってもらうことを意味します。以上の全体が、カムイへの感謝の表現となっているのです。

柳田國男と民俗学

『古事記』や『日本書紀』の非常に面白い神話に出てくる神様たちは、全国的に有名ですが、日本の各地にはそれぞれ以外にも、地元の人から篤《あつ》く信仰されてきた神様が無数にいます。この章では、その中でも特に有名な神様たちを取り上げました。

そういった「地域密着型」の神様への信仰をはじめとする民間の文化は、公式の文書に記されないことも多いので、歴史の中で忘れ去られかねません。しかし、そのようなところにこそ大事なものがあるのだと考え、研究する学問があります。それが**民俗学**《みんぞくがく》です。

日本の民俗学は、農商務省《のうしょうむしょう》官僚出身の**柳田**《やなぎた》**國男**《くにお》（１８７５～１９６２年）によって、明治末年から昭和初期にかけて確立されました。

柳田と同時代、明治から昭和初期にかけての近代国家は、記紀の神々をはじめとする日本の神様たちを、統治に利用していました（１９４ページ参照）。柳田はその**国家神道**《こっかしんとう》を批判して、太古の昔から人々が自然発生的に神様たちを信仰してきたあり方こそ、本来の神道であり、日本の**固有信仰**《こゆうしんこう》だと論じました。

柳田の研究や国家神道批判は、非常に興味深く有意義です。彼の固有信仰論は、現在もたいへん重視されています。

ただし、「古代から、純粋に固有な信仰としての神道があった」とする考え方は、歴史的には誤りも含んでいるとの批判もあります。

第５章では、信仰の歴史を見ていきましょう。

第5章

神様はどのように信仰されてきたか

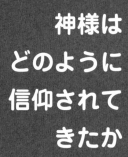

土偶とは何だったのか

旧石器時代から縄文時代へ、信仰の発生

Keywords
・旧石器時代
・縄文時代
・人間を超えた大きな力

日本の旧石器時代

この章では、日本の神様がどのように信仰されてきたのか、その歴史を追っていきます。

日本列島各地の遺跡を調べると、古いものは、3万6000年前以降の**後期《こうき》旧石器《きゅうせっき》時代《じだい》**にまでさかのぼります。人々が金属の道具を使わない時代を石器時代といい、その中でも、石を打ち欠いて作った**打製《だせい》石器《せっき》**のみが使われる時代が旧石器時代です。日本の旧石器時代の人々は、ナウマンゾウなどの大型動物を**狩猟**したり、植物を**採取**したりして移動生活を送っていました。

▼縄文時代に作られていた「土偶」。（画像：東京国立博物館所蔵）

Point 石器時代の人々は、人間を超えた大きな力への畏れを抱き、それが神様への信仰の原型となった。

縄文時代と土偶

やがて、石器を磨いた**磨製石器**《ませいせっき》が使われる**新石器時代**《しんせっきじだい》への移行が進みました。

日本の新石器時代は、縄を転がしてつけた文様のある土器が多く使われていたことから、**縄文時代**《じょうもんじだい》と呼ばれます。縄文時代は列島全土で一気に始まったわけではなく、今から1万5000年ほど前に九州南部で始まり、次第に北上して、1万1000年前には九州・四国・本州にほぼ定着したと考えられています。

新石器人は定住し、農耕・牧畜の生活を送るケースがほとんどです。しかし縄文人は、定住するようにはなりましたが、世界でも珍しいことに、長らく農耕を行いませんでした。

石器時代の人々は、雷や地震、火山の噴火などの自然現象への驚きから、**人間を超えた大きな力**への畏《おそ》れを抱きました。その自然の「大きな力」こそ、**神様の原型**だといえます。ここではそれを**カミ**と呼ぶことにしましょう。

このカミとかかわるのが、縄文時代に作られた**土偶**《どぐう》です。土偶は何のために作られたのか、専門家の間でもいろいろな意見がありますが、災《わざわ》いを避けて自然の恵みを得るための**呪術**に使われたのではないかともいわれ、中には、カミを表現していると考えられるものもあります。

また、先史考古学研究者の藤尾慎一郎《ふじおしんいちろう》は、定住して同じ顔ぶれで暮らすようになった縄文人が、集団生活のストレスを解消するために「まつり」を始め、その「まつり」の場で土偶を使用したのではないかと述べています。

弥生人は目に見えない神様を迎えた

神はシャーマンを通して語る

Keywords
・弥生時代
・共同体
・シャーマン

弥生時代への移行

今から2500年ほど前、縄文時代の終わりに、人々の生活に変化が生じました。九州北部で**水田**が作られ、**米作り**が始まったのです。灌漑《かんがい》（人工的に水を引いてくること）式の稲作はやがて四国や本州にも伝播《でんぱ》し、新しい生活文化が広まりました。紀元前4世紀頃からのこの時代は、**弥生時代**《やよいじだい》と呼ばれます。

この時代、カミ（人間を超えた自然の力）に対する信仰の形が、大きく変化しました。

弥生時代には、縄文時代に盛んに作られてい

▼弥生時代の人々の暮らしのイメージ。

Point 弥生時代、目に見えないカミは、共同体の祭祀の場に呼び出されるようになった。

た**土偶**が、ほとんど作られなくなります。

縄文人は、土偶の一部をわざと壊すような儀式を行っていたらしいことがわかっていますが、弥生人の儀式はそのようなものではなくなったのです。

山に住むカミを呼ぶ祭祀

水田耕作を行う弥生人にとっては、協働や分業のため、**共同体を維持すること**がとても重要でした。

自然災害や疫病などを避け、多くの収穫を得るためには、目に見えないカミの考えているることを知らなければなりません。そこで、カミを迎えてその神意を聞き出す**祭祀**《さいし》が、共同体の中で重視されるようになりました。

祭祀においては、カミを呼ぶ場が作られ、迎えられたカミは**シャーマン**（101ページ参照）の口から言葉を伝えます。

そのカミの言葉が、共同体の政治を決定しました。シャーマンになるのは女性が多く、有名な**邪馬台国**《やまたいこく》の女王**卑弥呼**《ひみこ》（3世紀）も、そのようなシャーマンのひとりでした。

では、目に見えないカミは、祭祀の場に呼ばれるとき以外は、どこにいるのでしょうか。**山**などにいると考えられていたようです。

定住生活を送るようになって以来、人々は、糞尿や死体による生活環境の汚染に悩まされていました。そのような「穢れ」のない山は、清浄な場所であり、カミの住む**聖地**だとされたのです。

シャーマンから王へ

古墳時代に台頭するヤマト政権

Keywords
・古墳時代
・王
・ヤマト政権

弥生時代から**古墳時代**《こふんじだい》にかけて、各地で、戦争や政治で活躍した者たちが**王**として権力を握り、**シャーマン**の権威をしのいでいきました。

王の出現

弥生時代以降、金属の武器なども使われるようになり、集落どうしの戦いも発生して、列島の各地に小国が作られていきました。

それぞれの小国の中では、戦いなどで大いに活躍した英雄も現れます。そういった英雄たちは、大きな墓に埋葬されるようになりました。

3世紀には、巨大な**古墳**《こふん》も出現します。古墳は、カミの住む山を模《も》して作られており、埋葬された人間をカミとして祀るものであったと、日本思想史研究者の佐藤弘夫《さとうひろお》は述べています。

ヤマト政権の台頭

各地に勢力が林立する中、奈良の大和地方で、いくつもの勢力による政治連合が結成され、台頭してきました。その政治連合は、**ヤマト政権**と呼ばれます。現在の天皇家につながるとされる**大王**《おおきみ》というリーダーと、土地の有力者である**豪族**たちが、共同で政権を運営していました。

Point シャーマンの権威を、王がしのぐようになり、古墳時代、ヤマト政権が台頭した。

日本の先史時代

時代区分	時期	信仰の特徴
旧石器時代	～1万3000年前	具体的な自然現象などのひとつひとつに驚き、畏れを抱く。
縄文時代	1万3000年前～前4世紀頃	儀式に土偶を用いる。土偶の中には、カミを表現していると考えられるものもある。
弥生時代	前4世紀頃～3世紀半ば	目に見えないカミを迎える祭祀が行われる。シャーマンがカミの言葉を伝える。
古墳時代	3世紀半ば～7世紀	英雄がカミとして祀られる。王の権力がシャーマンの権威をしのぐ。

▲旧石器時代の終わりと縄文時代の始まりは、地域によって年代が異なるが、ここでは1万3000年前とした。

近畿地方の大きな古墳は、ヤマト政権（朝廷）のものだとされ、たとえば大阪府堺市に残る**大仙陵《だいせんりょう》古墳《こふん》**は、第16代**仁徳天皇**の陵墓《りょうぼ》だとする説もあります。

しかし、そもそも「天皇陵《てんのうりょう》」とされている古墳が本当に歴代の大王のものなのか、学術的には疑わしいともいわれます。

7世紀後半以降、朝廷は天皇中心の強力な国家を作るため、「天皇は神の子孫であり、神である」と主張しました。その政策の一環として、都の近くにある大規模な古墳が、歴代天皇の墓だとされたのではないかという説があります。

ヤマト政権は、人をカミに祀りあげるシステムを独占しました。その中に、古墳という装置も含まれていたのです。

仏教伝来と古代律令制

神社はどのように作られたのか

Keywords
・仏教
・律令制
・神社

仏教伝来

６世紀半ば頃までに、中国大陸から朝鮮半島を経由して、日本列島に**仏教**が伝わりました。

仏教伝来以前から、列島の人々は自分たちのカミを祀っていましたが、当時はまだ「神道」と呼ばれる体系はありませんでした。そのため、仏教が入ってきても、従来の信仰とまったく違う「宗教」だとは認識されず、「外国から新しい神様が来た」と思われた程度だったようです。

６世紀後半、仏教受容推進派の豪族**蘇我氏**《そがし》と、反対派の**物部氏**《もののべし》・**中臣氏**《なかとみし》の間に、**崇仏論争**《すうぶつろんそう》と呼ばれる争いがありましたが、宗教対立というより、朝廷内の勢力争いの性格が強いものでした。

律令制と神社の成立

朝廷は仏教以外にも、中国の進んだ文明を取り入れました。特に7世紀後半、天皇中心の国家体制を作るため、導入されていったのが**律令**《りつりょう》**制**《せい》です。これは法律と官僚制にもとづく、当時最新のすぐれた統治システムで、仏教とも密接に関係していました。

天武天皇（在位６７３〜６８６年）の時代に

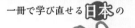

Point 神社は7世紀後半以降、律令政府の命令で作られはじめた（社殿をもつ施設になったのはさらに後年）。

神社の成立

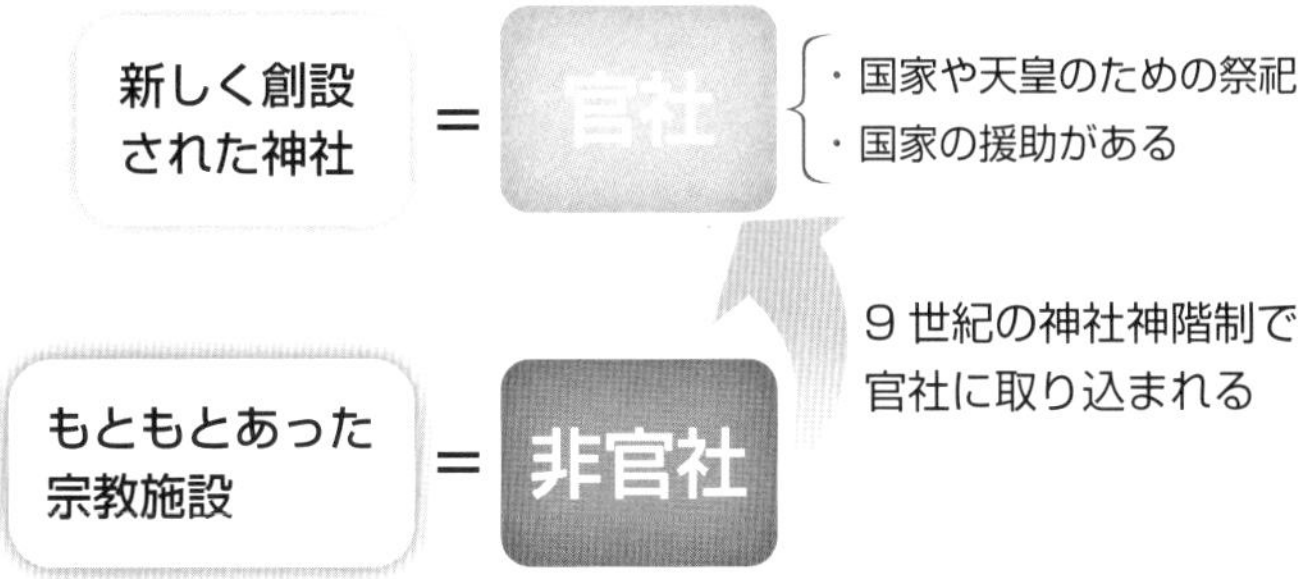

▲7世紀後半に朝廷の命で神社が作られた際、神社は国が管轄する「官社」として成立し、律令国家のシステムに組み込まれた。それ以外の宗教施設は「非官社」とされた。しかし9世紀、「神仏習合」が進んで従来のシステムがうまく機能しなくなると、官社と非官社の区別なく管理する「神社神階制」が採用されるようになっていく。

は、**神社**の創設が命じられました。

もともと、カミを祀る場所は各地にあり、地元の有力者により運営されていましたが、それが「神社」として整えられていくのは、7世紀後半からのことです。神様の権威を独占したい朝廷は、宗教施設を整備し、皇祖神などを祀らせることで、神様とかかわる儀礼を国家の管理のもとに置こうとしたのです（**律令祭祀**《りつりょうさいし》）。

神社の管理は必ずしもうまくいったわけではありませんが、天武天皇以降の朝廷は、日本の神様を利用して権威を高めました。『**古事記**』『**日本書紀**』**の編纂**も、そのような政策の一環です（18、32ページ参照）。

そして、神社が仏教の寺院の影響も受けて、現在のような社殿のある施設となったのは、さらに時代が下ってからのことだと考えられます。

神仏習合

列島の人々はなぜ神も仏も信じるのか

Keywords
・神宮寺
・本地垂迹説
・浄土信仰

鎮護国家の仏教

7世紀後半以降成立していった**律令国家**は、当初は日本の神様たちとの結びつきをアピールしましたが、やがて、「**仏教**に国を支えてもらおう」という**鎮護国家**《ちんごこっか》の思想が強くなります。

その象徴が、**聖武天皇**《しょうむてんのう》の命で8世紀に造られた、奈良の**東大寺の大仏**です。大仏造立は、政治的混乱や飢饉《ききん》、疫病を仏の力で取り除いてもらおうという、国家の一大プロジェクトでした（当時の日本では、仏教は個人を救うものではなく、国家のためのものとされていました）。

そして、この大仏の守護神の役目を買って出たのが、九州の宇佐にいた**八幡神**です（126ページ参照）。このことからは、当時、日本の神様への信仰が、仏教への信仰と対立していなかったことが見て取れます。

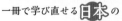

解脱を求める神

同じ8世紀には、**神宮寺**《じんぐうじ》というものも作られはじめました。神社に設けられた仏教寺院です。なぜ神社にお寺が作られるのでしょうか。

たとえば、三重県の**多度大社**《たどたいしゃ》（当時は多度神

Point 仏教が日本に浸透する中、日本の神様への信仰は、仏教とあまり対立せず、融合していった。

日本の神様と仏教の仏

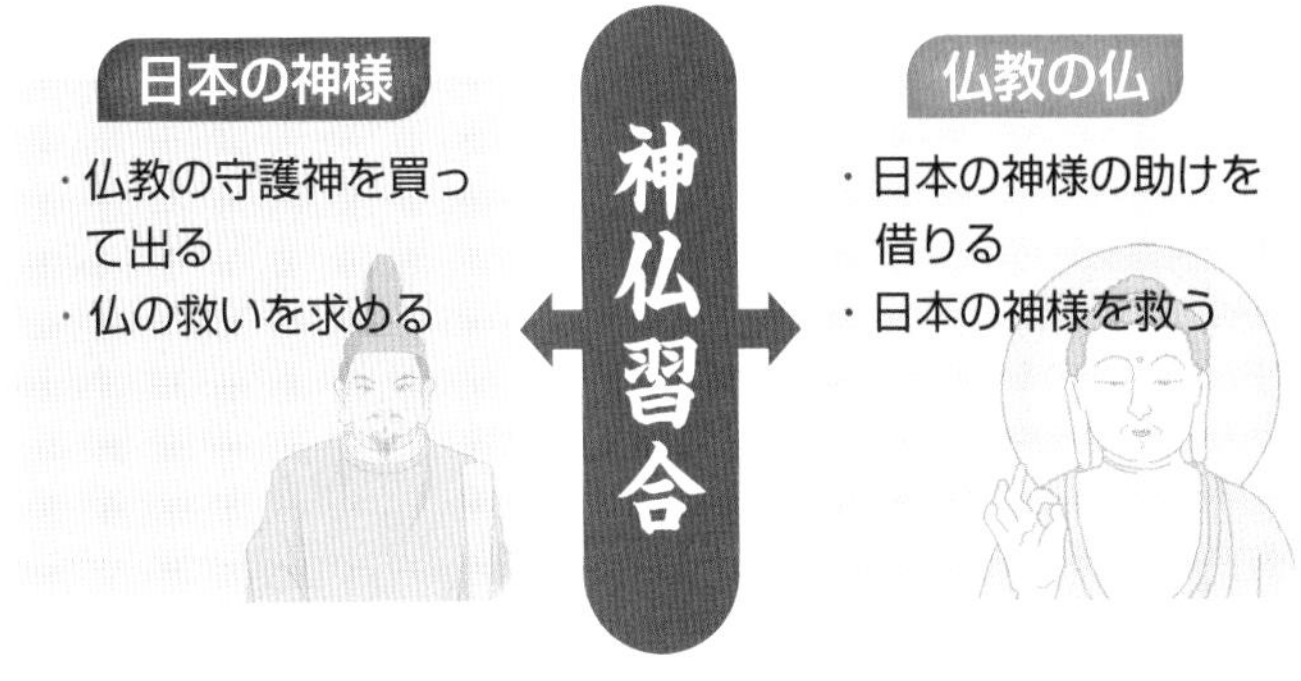

▲日本の神様が、仏にすがることで「輪廻転生」から逃れたい（これを「神身離脱」という）と訴える話は、いくつも伝えられており、「神仏習合」の例とされる。

社）に設けられていた**多度神宮寺**《たどじんぐうじ》について、次のような驚くべき話が伝えられています。

７６３年、多度神社の近くへやってきた僧のもとに、多度神社の神様が現れ、「私は、罪を犯したせいで神になってしまった。神の身から逃れるため、仏教に帰依《きえ》したい」と訴えたというのです。そこで僧はお堂を建てて、神様を供《く》養《よう》しました。これが多度神宮寺の始まりだといいます。同様の話は、ほかの神宮寺についても残っています。

仏教では、生き物はみな生まれ変わりをくり返しており（**輪廻転生**《りんねてんしょう》）、その苦しみから逃れる**解脱**《げだつ》こそが究極の目標だとされます。日本の神様もこの論理に組み込まれ、ほかの生き物と同じように、解脱を求める存在（**衆生**《しゅじょう》）だととらえられたのです。

神仏習合と本地垂迹説

8世紀以降、国家のものだった仏教の信仰を一般に広めようという動きが起こるとともに、神様に対する信仰と仏教が混じり合い、融合していきました。このことを**神仏習合**といいます。

仏教にも、信仰の対象である**仏**がいます。神仏習合が進む中、**仏と日本の神様との関係を説明するロジック**が必要とされました。そこで10世紀頃に生まれたのが、**本地垂迹説**《ほんじすいじゃくせつ》です。**本地**《ほんじ》とは、仏の本体のこと。**垂迹**《すいじゃく》は、その本体がこの世に姿を現した仮の姿を意味します。「日本の神様とは、仏が、衆生を救うためにこの世に出現するときの仮の姿である」というのが、本地垂迹説の要点です。

中世人の世界観

日本では、**平安時代**（794〜1185年）後期から**中世**が始まるとされますが、**武士**が政権を立てて社会を動かした中世において、本地垂迹説にもとづく神仏習合は、**日本人の信仰のスタンダード**となりました。

そのことを、日本思想史研究者の佐藤弘夫は、**中世人の世界観**から次のように説明しています。

中世にはしばしば戦乱が起こり、多くの人が、いつ死んでしまうかわからない不安を抱えていました。現世には苦しみばかりで、生活を楽しめない人も少なくありません。そういう人たちは、せめて死後に救済されたいと願い、「苦しいこの世とはまったく違うあの世があるはず

Point 中世以降、「本地垂迹説」にもとづく「神仏習合」がスタンダードになった。

中世の二元論的世界観

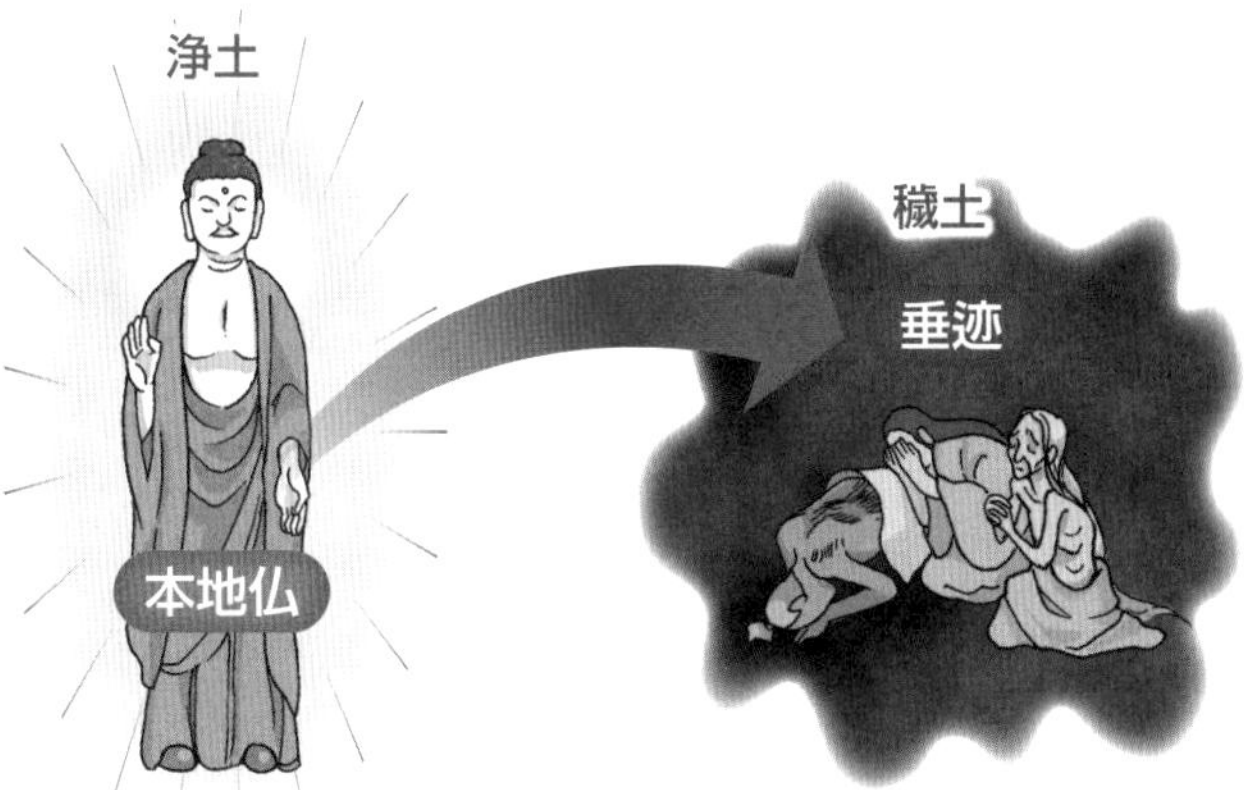

▲ふたつの原理によってものごとを説明しようとする考え方を、「二元論」という。中世人は、「穢土」（穢れたこの世）と「浄土」（清浄なあの世）というふたつの原理で世界を見ていたと考えられる。

だ」という世界観をもちました。

それで中世に大流行したのが、「**阿弥陀**《あみだ》**仏**《ぶつ》が、死後に**極楽浄土**《ごくらくじょうど》に生まれ変わらせてくれる」とする、仏教の**浄土信仰**《じょうどしんこう》です。

このような世界観があったため、「あの世の**浄土**に本当の仏様（**本地仏**《ほんじぶつ》）がいて、この世（**穢土**《えど》）の衆生を救うため、日本の神様の姿で現れてくれる」という話はリアリティをもったのです。神仏習合の時代、たとえば**アマテラスオオミカミ**は、**観音菩**《かんのんぼ》**薩**《さつ》や**大日如来**《だいにちにょらい》の垂迹（化身）とされました。

ちなみに佐藤は、山そのものを神様として祀る**神体山信仰**《しんたいさんしんこう》も、山を聖地とする古代からの信仰と、中世仏教の「すべてに仏が宿る」という思想が融合して生まれた、神仏習合時代の産物だろうと指摘しています。

熊野信仰

神様への信仰と仏教、修験道が混じり合う

Keywords
・修験道
・院政
・浄土信仰

山岳信仰と修験道

古来、山はカミの住む聖地とされ、人々は畏れて立ち入りませんでした。しかし、中国から山の中の**仙人**《せんにん》などのイメージが伝わると、奈良時代、山で修行して神秘的な力を得ようという**山岳信仰**《さんがくしんこう》が起こりました。山岳修行者として有名なのは、7世紀後半に活躍した**役小角**《えんのおづぬ》です。

平安時代には、仏教の中でも**修行**を重視する**密教**《みっきょう》が入ってきた影響で、山岳信仰がより盛んになり、山を神聖視する考え方と密教が融合した、**修験道**《しゅげんどう》という独自の信仰が生まれました。

蟻の熊野詣

奈良時代の山岳修行者や、平安時代の修験者（**山伏**《やまぶし》）たちにとって、格好の修行場所のひとつとなったのが、紀伊半島南部の**熊野**です。そこには急峻《きゅうしゅん》な山、鬱蒼《うっそう》とした森、巨大な岩、多くの滝があり、自然の神秘の力が感じられます。10世紀からは、天皇の位を次代に譲った**上皇**《じょうこう》などが、修験者に導かれて**熊野三山**（132ページ参照）へはるばる詣《もう》でました（**熊野御幸**《くまのごこう》）。

1086年、**白河上皇**《しらかわじょうこう》が、譲位した天皇を後《こう》見《けん》しながら政治を行う**院政**《いんせい》を開始しました（こ

Point 熊野では「神仏習合」が進み、神様のいる山が「浄土」とみなされ、多くの参詣者を集めた。

▲熊野古道。（写真提供：公益社団法人　和歌山県観光連盟）

れが日本の**中世**の起点だとされます）。その直後の1090年、上皇は熊野に参詣しますが、その御幸に当たって、熊野三山までの道を整えています。世界遺産にも登録された**熊野《くまの》古道《こどう》**の始まりです。以後、その道をたどって、院政期の上皇たちは非常に頻繁に熊野《くまの》詣《もうで》を行いました。

中世には、熊野詣はより盛んになり、地方の豪族や武士などもこぞって参詣するようになります。その背景には、**浄土信仰**（175ページ参照）の広まりがありました。山深く日常から隔絶した熊野は、浄土とみなされたのです。熊野信仰は、日本の神様への信仰と、仏教や修験道の要素が複雑に入り交じったものでした。

江戸時代には庶民も押し寄せ、蟻《あり》のような行列を作ったことから、「蟻の熊野詣」という言葉も生まれました。

伊勢神道

神様への信仰がついに理論化された

Keywords
・蒙古襲来
・伊勢神宮
・内宮、外宮

蒙古襲来と伊勢神宮

源頼朝が1185年に初の武士による政権**鎌倉幕府**を開いたことに始まる**鎌倉時代**、日本は大きなピンチを経験します。**蒙古襲来**（**元寇**）です。1274年（**文永《ぶんえい》の役《えき》**）と1281年（**弘安《こうあん》の役**）、モンゴル民族が中国に建国した**元《げん》**王朝と、その支配下に入った朝鮮半島の**高麗《こうらい》**の軍が攻めてきたのです。

そこで注目されたのが、古代から日本の皇祖神**アマテラスオオミカミ**を祀る**伊勢神宮**です。朝廷はアマテラスに元軍の撃退を祈り、仏教の僧たちも伊勢にやってきて祈願を行いました。結果、日本軍は元軍に勝利。「神風」が吹いて元軍を総崩《そうくず》れにしたとされ、「神の子孫たる天皇のいる日本は、神に守られた国だ」という**神国思想**の淵源《えんげん》となりました。

この出来事を経て伊勢神宮は、仏教との交流を深めつつ、存在感を増しました。

度会氏が外宮の優位を主張

そしてこの伊勢神宮から、**伊勢神道《いせしんとう》**と呼ばれる神道理論が生まれます。

Point 鎌倉時代、伊勢神宮外宮の神職である度会氏が、神様への信仰を理論化した「伊勢神道」を創始した。

伊勢神道の主張

▲「伊勢神道」は、「外宮」のトヨウケノオオカミ（トヨウケビメノカミ）が、じつはアメノミナカヌシノカミ（90ページ参照）と同一であり、「内宮」のアマテラスオオミカミ以上の格をもっていると主張した（これはあくまで歴史上のひとつの神道教説の内容であり、たとえば現在の伊勢神宮がこの説を継承しているというわけではない）。

伊勢神宮には、アマテラスを祀る**内宮**と、**トヨウケノオオカミ（トヨウケビメノカミ）**を祀る**外宮**があります（124ページ参照）。トヨウケはアマテラスの食事をつかさどる神なので、外宮は内宮よりも格下とされていました。

この格づけに不満だったのが、外宮の神職を務める**度会氏**《わたらいし》です。13世紀後半、**度会行忠**《わたらいゆきただ》（1236〜1305年）が、「外宮は内宮以上に重要だ」と主張するため、仏教理論なども取り入れながら、神様への信仰を理論化しました。これが伊勢神道の始まりだといわれます。

平安末期から、神様への信仰を体系化した**両**《りょう》**部神道**《ぶしんとう》などの理論はありましたが、神仏習合の**本地垂迹説**にもとづいて仏教側が作った理論でした。伊勢神道は、神様側から信仰を理論化したものとして、大きな歴史的意義をもちます。

吉田神道

新時代の神道は混乱の中から生まれた

Keywords
・神本仏迹説
・根本枝葉花実説
・大元尊神

「神道」は「じんどう」だった

前のページで**伊勢神道**の誕生を見ましたが、この理論は当時から「伊勢神道」と呼ばれていたわけではありません。神様を祀る信仰を「神道」と呼ぶ用法が定まっていなかったからです。「神道」という言葉は、もともと「神の権威」「神のはたらき」「神そのもの」などの意味をもち、「じんどう」と読まれていました。これが中世の間に「神様についての思想」といった意味をもつようになり、**室町時代**に「しんとう」と読まれるようになったのです。

神道の「天下人」吉田兼倶

室町時代後期から**戦国時代**にかけて、伊勢神道の影響も受けながら、天皇とつながる国家的な祭祀に縛られない、自立した宗教思想としての「神道」が登場します。**吉田神道**《よしだしんとう》です。

創始者の**吉田兼倶**《よしだかねとも》（１４３５～１５１１年）は、**応仁**《おうにん》**の乱**（１４６７～１４７７年）の前後、混乱の時代に暗躍《あんやく》しました。先行する宗教理論を苛烈に批判しながら吸収し、また、さまざまな書物を自作して自説の権威を高めたのです。

兼倶は仏教などの理論も取り入れましたが、

Point 室町時代後期から戦国時代、吉田兼倶が「吉田神道」を創始し、神道界の覇権を握った。

根本枝葉花実説

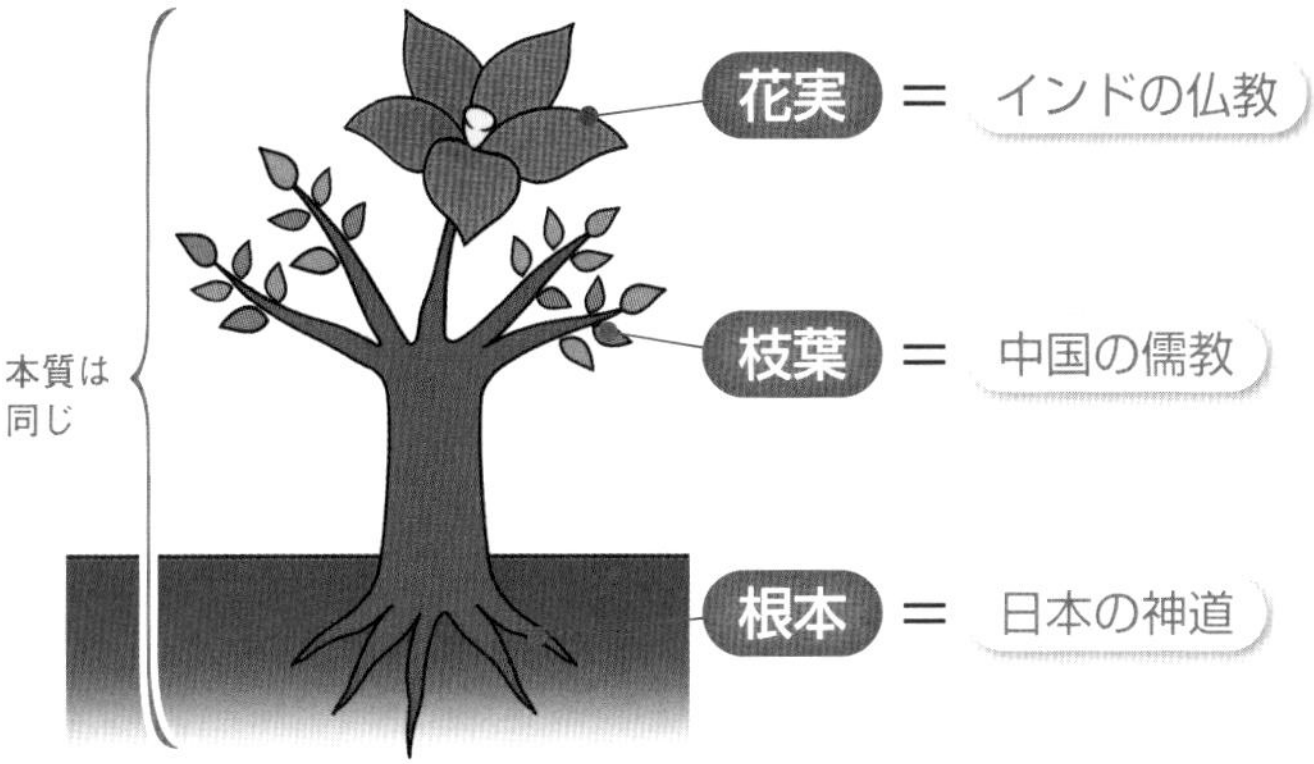

▲「根本枝葉花実説」は「三教枝葉花実説」ともいう。この説によると、仏教が日本に広まることは、「根本であったところに戻る」ということを意味する。吉田兼倶は、以前から存在したこのような考え方を広く宣伝した。ちなみに、「神本仏迹説」は「反本地垂迹説」ともいう。

彼が主張したのは仏教優位の**本地垂迹説**ではなく、「日本の神様こそ本物で、仏教の仏は仮の姿だ」という**神本仏迹説**《しんぽんぶつじゃくせつ》でした。日本の神道を「根」、中国の**儒教**《じゅきょう》（184ページ参照）を「枝や葉っぱ」、インドの仏教を「花や実」に見立てた**根本枝葉花実説**《こんぽんしようかじつせつ》も広めました。

外来の宗教より日本の神様を重視したわけですが、兼倶が崇めたのは、一般の神社で祀られている神様たちではありません。八百万の神々を超えた、宇宙の原理をつかさどる**大元尊神**《だいげんそんしん》がいると考え、**クニノトコタチノカミ**（35ページ参照）がこれに当たるとしました。

吉田神道は権力者たちに認められ、近世には、神道の世界でトップの権力をもつことになります。吉田兼倶は戦国時代の宗教界の「天下人」だったといえるでしょう。

俗世中心の価値観が広まった近世

ヒトガミ信仰の隆盛

Keywords
・戦国時代
・ヒトガミ
・俗世中心の世界観

権力者が宗教を支配する

室町幕府による統制が弱まり、各地の大名たちが覇権《はけん》をかけて争った**戦国時代**（15世紀末〜16世紀後半）、**仏教**勢力は侮れない戦力と財力をもち、乱世の中で戦っていました。

そんな仏教勢力を攻撃して、その既得権益《きとくけんえき》を切り崩したのが、かの**織田信長**です。信長が仏教勢力を屈服させたことから、「世俗《せぞく》（非宗教）の権力が、宗教の権威を支配する」という力関係ができました。

信長のあとの世俗権力のトップである**豊臣秀吉**や**徳川家康**が、死後に神様として祀られたのも（152ページ参照）、この力関係の表れです。権力者が、自分の権威のために、宗教を利用できるようになったのです。

秀吉や家康が神様となったことには、**吉田神道**も関係しています。**吉田兼倶**は、「心と神は同じもの」と説き、人が神様になれる可能性を示していました。そのうえ、自分の遺骸《いがい》の上に社殿を建て、神様として祀らせたのです。以後、吉田家の当主は同じスタイルで祀られており、吉田神道は「人を神様にするメソッド」を作り出したといえます。秀吉や家康の祀り方を決める際も、吉田神道の人間が関与していました。

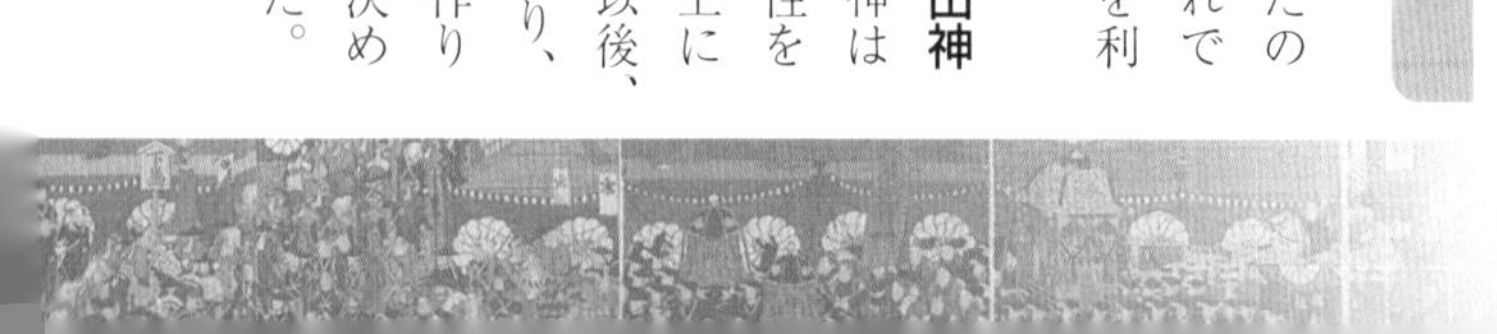

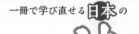

Point 近世以降、宗教は俗世に従属するものとなり、人間がカミとされる「ヒトガミ」が多く生まれた。

俗世と宗教

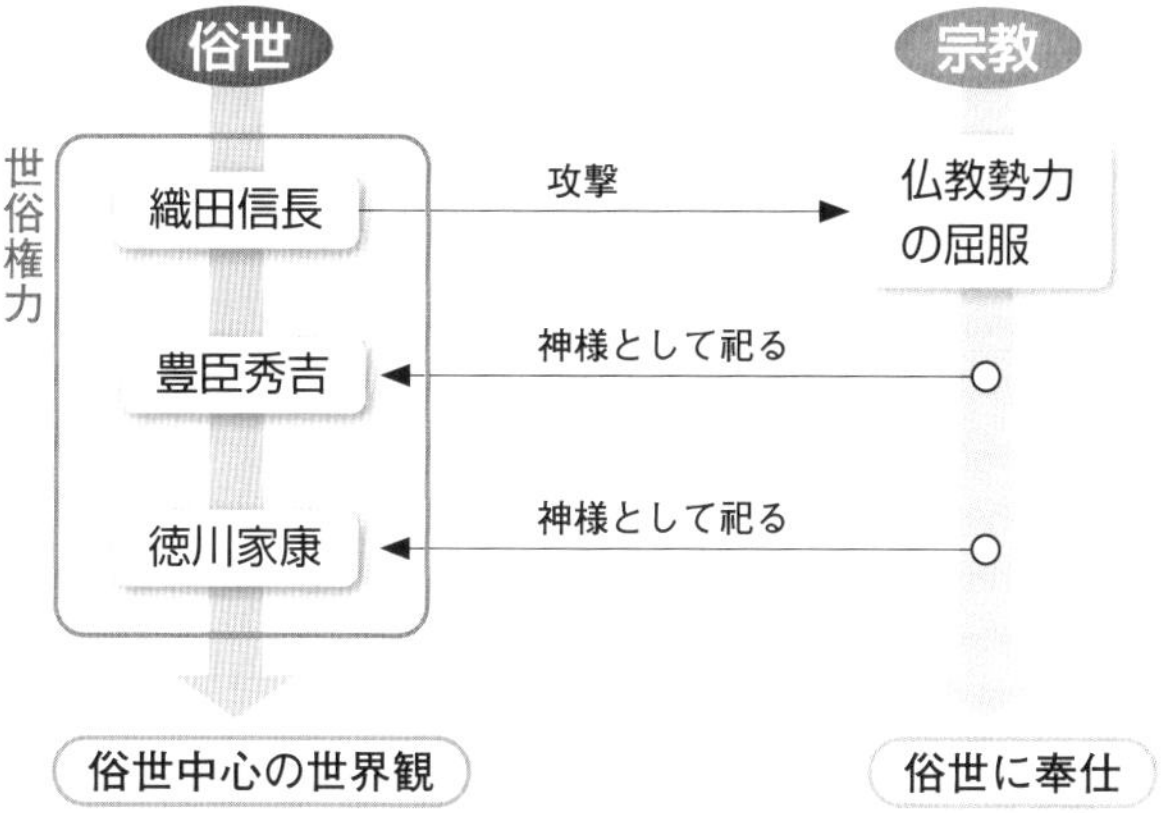

▲近世の宗教では、「この世ではないあの世へと救うこと」ではなく、「この世に生きる人たちの役に立つこと」が重視されるようになった。

庶民も神様になれる

1603年、家康が**征夷大将軍**となり**江戸《えど》幕《ばく》府《ふ》**を開いたところから、**江戸時代《えどじだい》**（**近世**）が始まります。近世の間、「神様になれる人」の階層的なハードルは徐々に下がっていき、庶民が「神様」とみなされるケースも出てきます。

人が神様とされることを**ヒトガミ**といいますが、宗教の権威が強い時代では、世俗の人が簡単にヒトガミになることはできません。近世には、宗教の権威が弱まり、**俗世《ぞくせ》中心の価値観**が普及したのです。同時に、**浄土**のイメージ（175ページ参照）も弱まり、**本地垂迹説**も「日本の神様は、**インドの仏様の化身**である」というふうに、地理的な解釈に変わりました。

垂加神道

朱子学の「理」はアメノミナカヌシ!?

Keywords
・儒学
・儒家神道
・尊王攘夷運動

儒学者たちによる儒家神道

江戸時代に特に力をもった思想が、**儒学《じゅがく》**です。儒学とは、古代中国の**孔子《こうし》**（前551頃〜前479年）や**孟子《もうし》**（前372頃〜前289年頃）の教えである**儒教**を研究する学問です。特に**身分秩序**を大事にする**朱子学《しゅしがく》**という流派が、社会を安定させるための思想として重視されました。

そして、儒学の立場から神道を理解し、解釈しようという動きが起こります。そのような儒学者が唱えた神道説を、**儒家神道《じゅかしんとう》**と総称します。

中でも重要なのが、**山崎闇斎《やまざきあんさい》**（1618〜1682年）によって創始された**垂加神道《すいかしんとう》**です。

山崎闇斎は、もともとたいへん優秀な朱子学者でしたが、神道家との論争をきっかけに、神道に関心をもったといいます。そこで彼は、熱心に**伊勢神道**や**吉田神道**などを研究し、それぞれを究めていきました。そして、朱子学と神道に共通する真理を見いだし、それを垂加神道という形に理論化したのです。

臣下の道としての神道

朱子学では、**理《り》**なるものが最も重視されます。

Point 儒学者が神道を解釈した「儒家神道」のひとつとして、山崎闇斎の「垂加神道」がある。

神道と儒学の対応

▲山崎闇斎は、神道と儒学を区別したうえで、その共通点を見いだしたが、「垂加神道」は「神道と儒学の習合」として広まっていった。

この理とは、宇宙の根本的な原理であり、すべてのものを存在させているはたらきです。

その理の内実は、**上下の秩序**だとされます。天が上に、地が下にあるのと同じように、君主は上、臣下は下であり、そのような上下関係、君臣関係は普遍的である、と説かれるのです。

山崎闇斎は、神道の**アメノミナカヌシノカミ**（90ページ参照）が、この理に当たる存在だと主張します。何の活躍も記されていないけれども、逆に、アメノミナカヌシのはたらきは、上下関係の秩序として、全宇宙に行きわたっているのだというわけです。

こうして闇斎は、神道を、**天皇に仕える臣下の道**と解釈しました。その思想は、**幕末**《ばくまつ》（19世紀半ば）の**尊王攘**《そんのうじょう》**夷**《い》**運動**《うんどう》（天皇を尊んで外国勢力を撃退しようという動き）に影響を与えます。

国学と本居宣長

古典を通して日本固有の精神を探る

Keywords
・漢心
・大和魂
・『古事記伝』

「本当の日本」を求めて

古代以来、日本は、中国から重要な文献を大量に輸入してきました。大陸に大帝国を築いている中国は、日本から見て先進国だったからです。**仏教**関係のものはもちろん、**儒学**の文献も盛んに研究され、日本の文化に浸透しました。

しかし江戸時代には、「日本独自のよさを見直そう」という動きも出てきます。

そうして登場したのが、**国学**《こくがく》です。国学とは、日本の古典などの研究を通して、仏教や儒教に染めあげられる以前の、日本固有の精神を再発見することをめざす学問です。

この国学を見事に大成したのが**本居宣長**《もとおりのりなが》（１７３０～１８０１年）でした。彼は、外来の仏教や儒学の理屈を**漢心**《からごころ》と呼び、理屈以前の自然な心こそ、日本人本来の**大和魂**《やまとだましい》（**真心**《まごころ》）だと主張しました。そして、仏教や儒学の解釈を入れずに『**古事記**』の古代の言葉にふれることで、日本固有の心を理解しようとしたのです。

宣長、『古事記』を読み解く

じつは、『古事記』と『日本書紀』が作られ

Point 日本固有のよさを古代に求める「国学」が登場し、本居宣長の『古事記』研究に結実した。

本居宣長の漢心批判

▲「漢心」を批判する本居宣長は、神様に従って自然に生きるのが日本人の理想の生き方であり、その生き方は『古事記』などの古典に書かれていると主張した。

て以来、重視されてきたのは「正史」である『日本書紀』のほうで、『古事記』はあまり相手にされませんでした。そして、特殊な表記で書かれている『古事記』をどう読めばいいのか、だれもわからなくなっていたのです。

しかし宣長は、古代の言葉についてのあらゆる資料と情報を集め、35年もの時間をかけて、『古事記』の読み方を解き明かしました（『**古事《こじ》記伝《きでん》**』1798年）。その方法は、現在からみても驚くほど実証的です。

宣長は徹底的に研究したうえで、『古事記』の神話を、自分たちのルーツとして素直に受け取りました。たとえば宣長によると、**イザナミノミコト**が黄泉国へ去ってしまう神話（42ページ参照）が、日本人の抱く悲しみの感情のもとになっているというのです。

平田篤胤と復古神道

日本人の魂の行方を示す

Keywords
・顕明界
・幽冥界
・明治維新

霊魂はどこへ行くのか

本居宣長の死の直後、その著作を読んで感銘を受け、「夢の中で、弟子になる許可をもらった」と主張して「宣長死後の門人《もんじん》」とまで名のった人物がいます。**平田篤胤《ひらたあつたね》**（１７７６〜１８４３年）です。篤胤は、宣長の長男に弟子入りして国学を**研究**し、新しい課題を発見しました。

篤胤の心の師たる宣長は、「**大和魂**をしっかりもとう」と述べていますが、大和魂を大事にするためには、「大和魂をもっていれば、死んでも霊魂はいいところへ行ける」という宗教的安心感が必要だと篤胤は考えました。そこで、**『古事記』**や**『日本書紀』**をはじめ、さまざまな資料を研究することで、宇宙の構造を明らかにし、**日本人の霊魂はどこへ行くのか**を突き止めようとしたのです。

顕明界と幽冥界

篤胤は、宣長の直接の弟子**服部中庸《はっとりなかつね》**（１７５７〜１８２４年）の説を取り入れて、神話のストーリー進行とともに宇宙が形成される過程を論じました。その話も面白いのですが、篤胤の

Point 平田篤胤は、日本人に安心を与えるため、神話を独自に解釈して死後の世界まで論じた。

平田篤胤の世界観

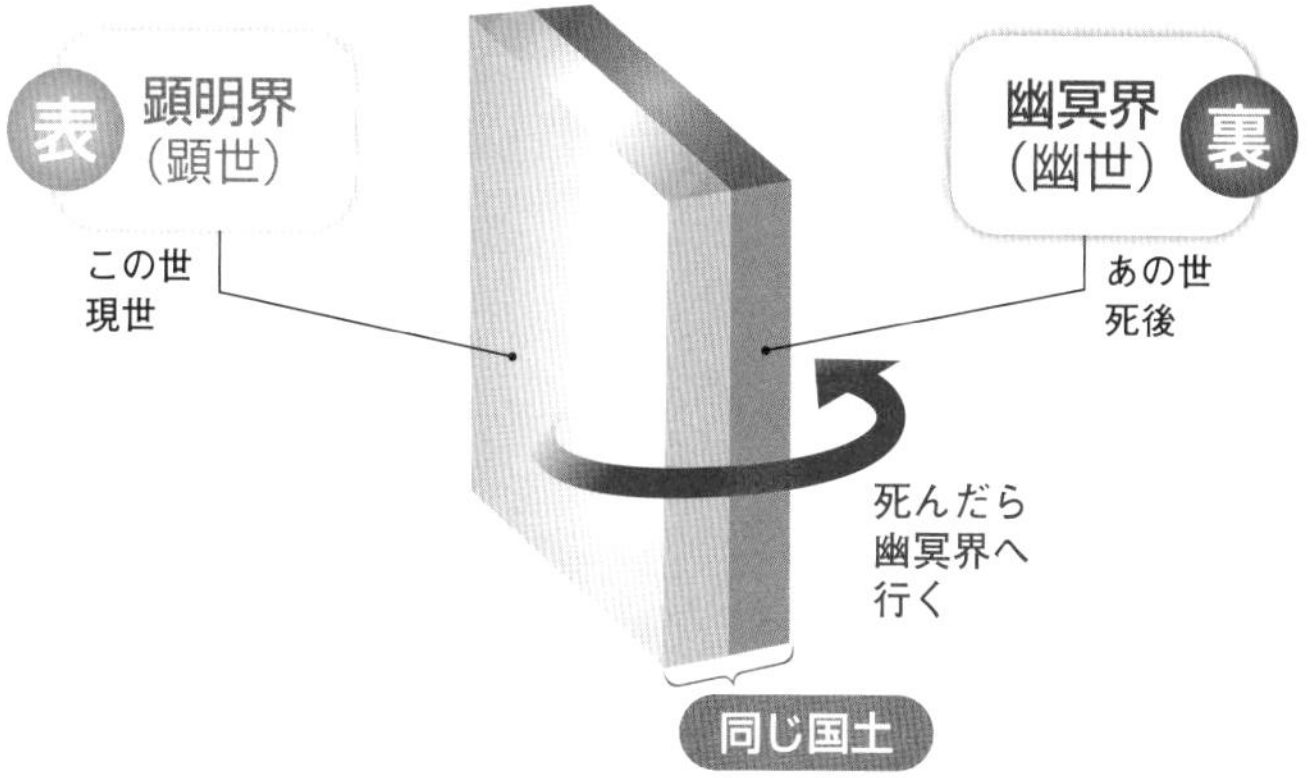

▲平田篤胤の描いた世界像によると、現世と死後の世界は、同じ国土の中で表裏一体となっている。

オリジナリティは、世界には表と裏があると主張したところにありました。

表の世界は**顕明界**《うつしよ》（**顕世**）といい、**オオクニヌシノカミ**が**国譲り**で**天津神**に譲った世界です。人々は、天皇の統治のもと、この顕明界に生きていることになります。

そして人が死ぬと、その魂は、オオクニヌシが統治する**幽冥界**《かくりよ》（**幽世**）に行きます。この裏の世界は、表の世界とぴったり貼りついており、同じ国土の中にあると篤胤はいいます。

つまり、死後の世界は現世のすぐそばにあり、同じ国に暮らせるのだから安心しましょうと、篤胤は説いたのです。篤胤は日本人を安心させるために、国学を宗教化したともいえます。宣長を継承した篤胤の国学的神道解釈は**復古神道**《ふっこしんとう》といい、**明治維新**の思想的背景になりました。

近世の庶民は熱狂的に伊勢をめざした

おかげ参りの大流行

Keywords
・講
・おかげ参り
・ええじゃないか

観光旅行の元祖

江戸時代に街道《かいどう》が整備・管理され、交通の安全も確保されると、有名な神社やお寺に参詣するため、多くの人々が旅をするようになりました（134ページ参照）。

そのブームにうまく乗ったのが、**伊勢神宮**です。皇祖神アマテラスオオミカミを祀る伊勢神宮は、別格ともいえる神社ではありましたが、戦乱の時代を経て荒廃し、新しい経済基盤を確保する必要に迫られていました。そこで、**御師**《おんし》と呼ばれる案内人たちが方々を回ってPRを行い、庶民の**伊勢参り**の手配を引き受けたのです。

旅のついでにほかの神社仏閣や京都、大坂（現在の大阪）も回る伊勢参りは人気を高め、観光旅行の元祖として流行しました。

60年ごとに謎の大流行

伊勢参りに限らず、遠くの寺社への参詣には、**講**《こう》というシステムが使われていました。

これは、同じ村で同じような信仰をもつ人たちが、みんなでお金を積み立てる共済です。ここに積み立てられたお金で、メンバーが順番に

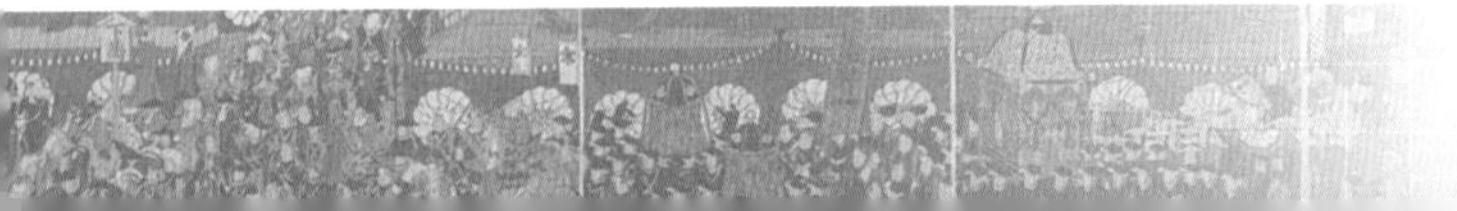

Point 江戸時代、伊勢神宮参拝が庶民の間で流行し、60年ほどに一度ずつ「おかげ参り」も起こった。

▲《伊勢参宮略図》（部分）。（画像：国立国会図書館デジタルコレクション所蔵）

参詣の旅に出るのです。

しかし伊勢参りの場合、もうひとつのパターンがありました。人々が突然、仕事も日常生活も中断して、ほとんど何ももたずに伊勢参りに旅立ってしまうのです。そんな参詣者たちが無事に伊勢にたどり着けるよう、街道沿いの人々は、惜しみなく施しをしたといいます。

この現象は**おかげ参り**と呼ばれ、60年に一度ほどのペースで大流行をくり返しました。数百万人が参加したとされる、集団的熱狂です。参詣の旅の間は、普段の厳格な身分制度から解放され、同じ信仰をもつ人たちとの一体感を味わうことができました。

そしてこのおかげ参りの際に人々が踊った**おかげ踊り**は、幕末の混乱期に民衆が乱舞した**ええじゃないか**という現象につながるとされます。

さまざまな民衆宗教

庶民出身の開祖たちが「生き神」とされた

Keywords
・民衆宗教
・生き神
・四民平等

◉幕末、そして明治維新

1853年、アメリカ合衆国の東インド艦隊司令長官**マシュー・ペリー**が、「黒船」と呼ばれる軍艦を率いて来訪し、日本に開国を迫りました。これへの対応のまずさから、**江戸幕府**の体制に対する不満がふくれあがります。逆に**天皇**に期待が集まり、天皇の名のもとに外国勢力を討とうという**尊王攘夷運動**が起こりました。

そして、欧米の軍事力の前に攘夷が挫折《ざせつ》すると、外国に対抗できる強い近代国家を作るため、改革派は徳川の幕府を倒し、天皇の名のもとに新しい政府を打ち立てたのでした。

◉民衆宗教の生き神たち

この**幕末**から**明治維新**にかけての時期、**民衆**《みんしゅう》**宗教**《しゅうきょう》と呼ばれる新しい宗教が、多数台頭しています。それらの開祖たちは、**生**《い》**き神**《がみ》として崇拝されました。生き神とは、人が神様とみなされる**ヒトガミ**（183ページ参照）の一種で、生前から神とみなされた人たちです。

民衆宗教の先駆けといえる**如来教**《にょらいきょう》の開祖**一尊**《いっそん》**如来**《にょらい》**きの**には、1802年、**金毘羅大権現**（1

Point 幕末維新期、「生き神」を開祖とする「民衆宗教」が多数現れた。

おもな民衆宗教・新宗教

名称	設立年	開祖	信仰の対象
如来教	1802年	一尊如来きの（1756～1826年）	金毘羅大権現
黒住教	1814年	黒住宗忠（1780～1850年）	アマテラスオオミカミ
天理教	1838年	中山みき（1798～1887年）	天理王命（親神）
金光教	1859年	金光大神（1814～1883年）	天地金乃神 金光大神
大本（大本教）	1892年	出口なお（1837～1918年）	大天主太神（正しい神々の総称）

▲幕末維新期に台頭した教派は、「新宗教」と呼ばれることも多い。ただし、20世紀初頭に生まれた教派以降を「新宗教」ととらえる見方もあり、その場合、幕末維新期に広まった教派は「民衆宗教」と呼ばれる。

34ページ参照）が乗り移ったといいます。**黒住教**《くろずみきょう》の開祖**黒住宗忠**《くろずみむねただ》は、**アマテラスオオミカミ**と一体化したとされます。

これらの神様は、八百万の神々のうちの1柱というよりも、**一神教**《いっしんきょう》の神様のように、「世界を創造したただひとりの神」としてイメージされました。その傾向は、**中山**《なかやま》**みき**が開いた**天理教**《てんりきょう》においても顕著です。

民衆宗教の開祖たちは庶民から出ており、苦しい生活も経験しています。彼らが神様とされたことは、身分の平等を求める民衆の願いの表れだといえます。

そしてその願いは**明治時代**に、「天皇の下での**四民平等**《しみんびょうどう》」という形で実現するのです。

日本の近代化と国家神道

神道は「宗教ではない」ということにされた

Keywords
・神仏分離
・国家神道
・靖国神社

神仏分離

1867年、**王政復古《おうせいふっこ》の大号令《だいごうれい》**が発せられ、**明治天皇《めいじてんのう》**を中心とする新政府が樹立されました。日本の**近代**の始まりです。明治政府には、**国学**や**神道**の関係者も加わっており、「**神武天皇**の頃のような、天皇が神を祀ることによる政治に戻す」という目標が掲《かか》げられました。

発足当初の新政府がめざしたのは、**神道の国教化**です。神道だけを国の公認の宗教とし、神道を通じて、「天皇が日本を統治するのは正当なことである」との考え方を国民に浸透させようという狙いでした（**国民教化《こくみんきょうか》**）。

その一環として採用されたのが、**神仏分離《しんぶつぶんり》**の政策です。**神仏習合**の状態にある神社から、仏教的な要素を切り離し、「本来の神道」を取り戻そうという、国学的な発想でした。

1868年、**神仏判然令《しんぶつはんぜんれい》**が出されます。これにより、**神宮寺**（172ページ参照）の管理をする僧侶や、神社に置かれていた仏像・仏具など、神社内の仏教関係の人やものが排除されました。また、**権現**（133ページ参照）などの仏教的な神名が禁じられ、**牛頭天王**を祀っていた神社は、祭神を変えさせられてしまったのです（131ページ参照）。

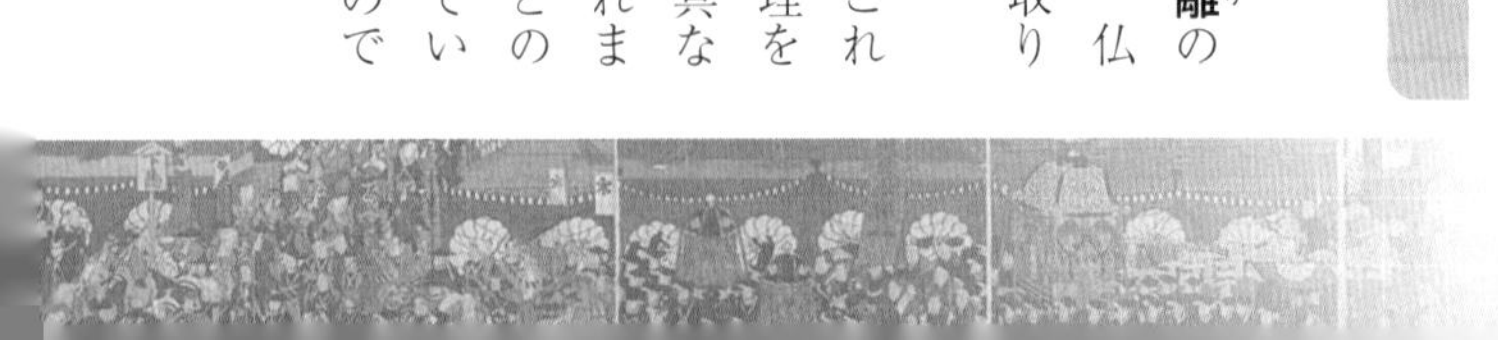

Point 明治政府は発足当初、神道の国教化をめざし、「神仏分離」の政策を取った。

神仏分離の政策

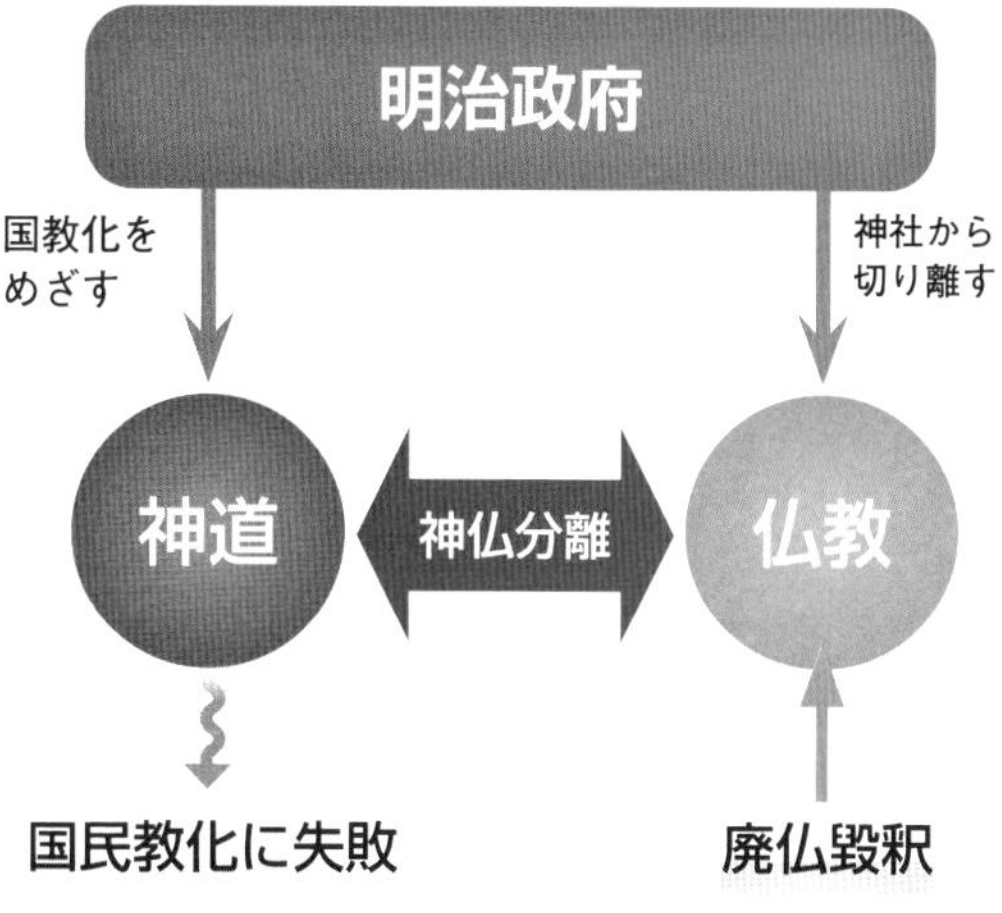

▲明治時代の初め、神道を仏教から切り離して国教化することが掲げられたが、失敗に終わった。

廃仏毀釈

神仏分離の政策は、必ずしも明治政府が意図していなかった事態を招きます。全国で仏教のお寺が襲撃され、建物や仏像が破壊されたり、勝手に売り飛ばされたりしたのです。これを**廃仏毀釈**《はいぶつきしゃく》といいます。

こんなことが起こった背景には、**平田派**《ひらたは》（**平田篤胤**の流れをくむ）国学など反仏教的な思想の影響もありますが、近世の間に庶民が溜め込んだ、仏教への反発も無視できません。江戸時代には**寺請制度**《てらうけせいど》といって、お寺は幕府の支配体制の末端を担っており、誕生、死亡、結婚、旅行などは、いちいちお寺に届け出なければならなかったのです。

神道国教化の挫折

神仏習合の状態が終わり、ライバル（?）の仏教が大ダメージを受けて、政府からテコ入れされている神道は万々歳《ばんばんざい》かというと、そんなことはありませんでした。

国民教化の役割を期待された神道家たちのほとんどは、それまで、信徒を増やすために布教した経験がありませんでした。「国民に、天皇の統治の正当性を教え込む」などという大事業は、仏教関係者の力を借りなければ不可能です。そもそも、長い神仏習合の歴史と伝統をいきなり切り捨てて、「本来の神道」だけで国を統治しようなど、一部の国学者らの机上《きじょう》の空論でしかなかったのです。

結局、神道と仏教が協力することになり、さらに時代が進むと、宗教ではなく教育機関が国民教化を担当することになります。こうして、神道国教化は挫折したのでした。

宗教ではない神道

神道が国教になれなかったことから、新しい考え方が出てきます。「**神道は宗教ではない**」というものです。

もし神道が「宗教」だとしたら、仏教やキリスト教や民衆宗教など、ほかの宗教と同列になってしまいます。しかし、「宗教」ではなく国家の仕組みのようなものだと考えれば、ほかの宗教よりも上位に置くことが可能です。

Point 第２次世界大戦の敗戦まで、神社の神道は、宗教ではなく国家の祭祀制度だとされていた。

神社神道と教派神道

▲神道は、国家の制度としての「神社神道」と、宗教としての「教派神道」に分けられた。なお、「教派神道」には、幕末維新期に台頭した「民衆宗教」なども含まれる。

1882年、宗教団体としての**教派神道**《きょうはしんとう》と、国家の祭祀をつかさどる**神社神道**《じんじゃしんとう》とが分離しました。そして神社神道は、「宗教」ではなく公的システムとして国家を支えるという位置づけを与えられたのです。この「宗教ではない」神社神道は、**国家神道**《こっかしんとう》とも呼ばれます。

国家神道の役割として注目すべきもののひとつが、**国家に尽くした人物を祀ること**です。

明治時代に入ると、明治維新に貢献した人たちの神社が作られるようになっていましたが、1869年には、維新にまつわる新政府側の戦没者を祀る**東京招魂社**《とうけいしょうこんしゃ》が創建され、1879年に**靖国神社**《やすくにじんじゃ》と改称されています。そして、**日清**《にっしん》**戦争**《せんそう》（1894～1895年）や**日露戦争**《にちろせんそう》（1904～1905年）といった対外戦争の戦没者が、靖国神社に祀られるようになるのです。

戦後の神道

神社は一般の宗教施設となった

Keywords
・神道指令
・天皇の人間宣言
・神社本庁

GHQの神道指令

時代は明治から大正、そして昭和に移ります。1937年から中国と**日中戦争**《にっちゅうせんそう》を戦っていた日本は、1941年にはアメリカとの**太平洋戦争**《たいへいようせんそう》に突入し、1945年に敗戦しました。

日本はアメリカをはじめとする連合国軍に占領され、**連合国軍最高司令官総司令部**《れんごうこくぐんさいこうしれいかんそうしれいぶ》（GHQ／SCAP）の指導の下、政治・社会体制の転換に取り組むことになりました。

日本は明治以来、**天皇**を「神様」とみなし、その求心力を核として国家を運営してきました。

そして、「神様」としての天皇の権威を保証したのは、**神道**でした。

GHQは、日本が行った戦争も**国家神道**によって支えられていたと考え、国家神道を解体します。政府が神社や神道を支援したり、監督したりすることを禁じたのです。この命令は、**神道指令**《しんとうしれい》と呼ばれます。神道指令に見られる「国家神道」のとらえ方が、本当に正確なものだったのかという点も含めて、国家神道の実態については今日《こんにち》でも議論があります。

1946年には**昭和天皇**《しょうわてんのう》が、国民に向けて、自分は「神様」ではなくひとりの人間であると宣言しました。

Point 第２次世界大戦での敗戦後、日本の「国家神道」は、GHQの「神道指令」によって解体された。

昭和の戦争と戦後

1926（昭和元）年	昭和天皇、即位
1929（昭和４）年	世界恐慌が起こる
1931（昭和６）年	満州事変（翌年、満州国建国を宣言）
1933（昭和８）年	日本、国際連盟を脱退
1937（昭和12）年	盧溝橋事件。日中戦争へ
1940（昭和15）年	紀元二千六百年記念行事（神武天皇即位2600周年）
1941（昭和16）年	太平洋戦争の開戦
1945（昭和20）年	9月　敗戦（降伏文書に署名）
	12月　GHQの神道指令
1946（昭和21）年	1月　昭和天皇の人間宣言
	2月　神社本庁の設立

▲敗戦とともに連合国軍の占領下に入った日本だったが、1952年には独立国としての主権を回復した。

神社本庁の設立

昭和天皇のいわゆる**人間宣言**《にんげんせんげん》と同じ１９４６年、**神社本庁**《じんじゃほんちょう》が発足しました。これは、**伊勢神宮**をはじめとする全国の神社をまとめあげる組織ではありますが、官僚機構ではなく、民間の宗教法人です。日本の神社は、国家の制度として管理されるものではなく、一般の宗教施設となったのです。

ただ現在も、神社で神様にふれることが「宗教」かというと、人それぞれで考え方が違うでしょう。神社関係者の中にも、「宗教的なことにこだわらず、文化や伝統として大切にすればよいのではないか」という人もいます。

折口信夫の「まれびと」

民俗学者の**柳田國男**（162ページ参照）は、日本人にとっての神様の原型とは、先祖の魂（**祖霊**《それい》）であると考えていました。「ご先祖様が見守ってくれている」というイメージは、現代の私たちにとっても理解しやすいものだといえるでしょう。

しかし、彼の弟子に当たるもうひとりの著名な民俗学者は、まったく別のことを考えていました。国文学者でもあった**折口信夫**《おりくちしのぶ》（1887～1953年）です。

折口は、日本人にとっての神様とは、共同体の外側からやってくる存在だと主張しました。共同体を優しく見守ってくれる先祖ではなく、異界から訪れて共同体に動揺を与える何者かが、日本人の神様の原型となったというのです。

そのような存在を、折口は**まれびと**と名づけ、まれびとがやってくる異界を**常世**《とこよ》と呼びました。これは、『古事記』の神話で**オオクニヌシノカミ**の国造りを手伝った**スクナビコナノカミ**が、突如として去っていった海の向こうの国の名前です（60ページ参照）。

折口信夫は、伝統芸能である**能**《のう》の重要な演目**「翁《おきな》」**を、このまれびとの概念によって説明しています。「翁」は、ストーリーのない、神聖な儀式のような演目です。翁と呼ばれる何者かが舞い、去っていく様子は、異界からの神様の訪れを表現したものだと、折口は看《かん》破《ぱ》したのでした。

第6章

日本の神様と神社

私たちの身近にある神社

どういう場所なのか、意外と知らない!?

Keywords
・祭神
・分霊
・勧請

「**鳥居**《とりい》（２１４ページ参照）があるのが神社、ないのがお寺」と区別している人も多いでしょう。しかしじつは、鳥居が建っているお寺も少なくありません。**神仏習合**（１７２ページ参照）の歴史のためです。逆に、埼玉県の**調神社**《つきじんじゃ》のように、鳥居のない神社もあります。では、神社とお寺をどう区別すればよいのでしょうか。

神社とお寺はどう違うのか

この章では、現代の私たちが神様とのかかわりを特に意識できる場所、**神社**について見ていきたいと思います。神社とは、どういうところなのでしょうか。まずは、「**お寺**とどう違うのか」という点から考えてみましょう。

神社は、日本の神様を祀る場所であり、**神道**の施設です。お寺は、**仏教**の施設です。しかし、その役割がどう違うかは、意外にわかりづらいかもしれません。たとえばお正月の**初詣**《はつもうで》は、神社に行っても、お寺に行ってもＯＫです。

神様のための場所

ひとつの考え方として、**お寺は人のための場所**で、**神社は神様のための場所**だといえます。

Point 神社では祀られている神様が最も重要であり、同じ「祭神」の神社が複数あるのは「勧請」のためである。

信仰ごとの神社の数

順位	信仰	神社の数	神社の名前
1	八幡信仰	7817	八幡神社、八幡宮、若宮神社など
2	伊勢信仰	4425	伊勢神宮、神明社、神明宮など
3	天神信仰	3953	天満宮、天神社、北野神社など
4	稲荷信仰	2970	稲荷神社、宇賀神社、稲荷社など
5	熊野信仰	2693	熊野神社、王子神社、十二所神社など
6	諏訪信仰	2616	諏訪神社、諏訪社、南方神社など
7	祇園信仰	2299	八坂神社、須賀神社、八雲神社など
8	白山信仰	1893	白山神社、白山社、白山比咩神社など
9	日吉信仰	1724	日吉神社、日枝神社、山王社など
10	山神信仰	1571	山神社など

▲神社本庁が1990年から1995年にかけて行った「全国神社祭祀祭礼総合調査」より、神社本庁の傘下にあった7万9355社を信仰（祭神）ごとに分けた結果。ただし、祀られる「祭神」が明確にわからなかった神社も多い。また、神社本庁に属していない神社もある。

お寺を管理する**住職**《じゅうしょく》は、お寺に住んでいます。住職以外の僧侶も生活し、修行したり学んだりしています。お寺はそうした人たちのための施設という面をもちます。

一方、神社には、人が住む場所がありません。神社を守る神主《かんぬし》も、神社に住んでいるわけではないのです。神社は、最低限、神様を祀ることができればよいといえます。

神社に祀られる神様は、**祭神**《さいじん》といいます。メインの**主祭神**《しゅさいじん》のほかに、ゆかりのある**配**《はい》**神**《しん》を一緒に祀ることもあります。

同じ神様を祭神とする神社があちこちにあるのは、神様の霊を分けて（**分霊**《ぶんれい》）、ほかの場所に移す**勧請**《かんじょう》ということが行われているからです。目に見えない神様の霊は、分けても減ることはありません。

神社・神宮・大社の違いとは？

社号がわかれば神社の性格もわかる

Keywords
・社号
・神宮、大社、宮、社
・社格制度

◉社号には傾向がある

神社の名前は、「○○神社」の形だけではありません。「○○神宮《じんぐう》」や「○○大社《たいしゃ》」、「○○宮《ぐう》」などもよく見るのではないでしょうか。

これらの呼び方を**社号《しゃごう》**といいます。じつは、この社号に注目すれば、その神社のおおよその性格や**祭神**を類推することができます。

神宮の社号を使っている神社には、**皇室にゆかりが深い**という共通点があります。皇祖神**アマテラスオオミカミ**を祀る**伊勢神宮**（三重県）の正式名称は「神宮」です（この場合、正式名称なので、社号ではありませんが）。また、たとえば**熱田神宮**（愛知県）は、**三種の神器**のひとつである**草薙剣**（54ページ参照）を**ご神体**（210ページ参照）としています。

大社という社号は、地域の信仰の中心となる神社や、多くの神社の大もととなる総本社につきます。

宮の社号がついた神社の多くは、皇族や、実在の人物が神様となった**ヒトガミ**（183ページ参照）を祭神としています。**菅原道真**を祀った**北野天満宮**（149ページ参照）や、**徳川家康**を祀った**日光東照宮**（152ページ参照）などが特に有名です。

Point 「神宮」「大社」「宮」などの「社号」には傾向があり、知っていると神社のだいたいの性格を推測できる。

社号の傾向

社号	傾向・共通点	神社の例
神宮	皇室と深いかかわりがあり、規模が大きい	橿原神宮（奈良） 明治神宮（東京） 鹿島神宮（茨城）
大社	地域の信仰の中心や、多くの神社の総本社	出雲大社（島根） 春日大社（奈良）
宮	皇室関係者など、実在した人物を祀る	香椎宮（福岡） 北野天満宮（京都）
社	祭神を勧請してきた、比較的小さな神社	各地の祇園社 各地の稲荷社
神社	一般の神社	各地の熊野神社 各地の浅間神社

▲このほかに、おもに伊勢神宮を指す「大神宮」といった社号もある。東京大神宮は、伊勢神宮の内宮および外宮と同じように、アマテラスオオミカミとトヨウケノオオカミ（トヨウケビメノカミ）を祀っている。

現在は社号は自由

現在、最も多いのは「○○神社」という社号ですが、昔は大多数の神社が**社**《しゃ》を名のっていました（**祇園社**《ぎおんしゃ》など）。

戦前は、明治時代に国によって定められた**社格制度**《しゃかくせいど》があり、どういった社号をつけるかには、細かいルールがありました。

しかし戦後、社格制度は廃止されました。ですから今では、神社の規模や歴史にかかわりなく、自由に社号を名のることができます。現在は、社号と神社の性格のつながりは、やや弱まっているといえます。

式年遷宮とは何か

伊勢神宮では社殿から橋まですべて一新!!

Keywords
・ご神体
・式年遷宮
・死と再生

大きな話題になった2013年の式年遷宮には、570億円もの費用がかかったといわれます。材木の準備から各種の行事を含めると、8年もかかる壮大なイベントです。

伊勢神宮の式年遷宮

神社の社殿を新しくしたり修理したりして、**ご神体**（210ページ参照）を移すことを、**遷《せん》宮《ぐう》**といいます。そして、定められた年に定期的に遷宮を行うことを、**式年遷宮《しきねんせんぐう》**といいます。

式年遷宮は、**住吉大社《すみよしたいしゃ》**（大阪府）や**鹿島神宮**（茨城県）などでも行われていますが、特に有名で大規模なのが、**伊勢神宮**（三重県）のものです。20年に一度、すべての社殿が一新されるだけでなく、**五十鈴川《いすずがわ》**にかかる**宇治橋《うじばし》**や神宝《しんぽう》（納められた宝物など）まで作り替えられます。

式年遷宮はなぜ行われるのか

伊勢神宮では、なぜこのような大規模な遷宮が定期的に行われるのでしょうか。これには、さまざまな説があります。

理由のひとつとして挙げられるのは、老朽化《ろうきゅうか》です。しかし、20年に一度、すべてを建て替え

Point 伊勢神宮の「式年遷宮」は、死と再生の象徴であり、恐るべき神様を鎮める儀式だと考えることができる。

▲宮地直一、阪本広太郎『神宮と式年遷宮』（1929年）より、《内宮御遷宮式図明治二十二年度》（部分）。ご神体を移す儀式の様子が描かれている。伊勢神宮の「式年遷宮」は、7世紀末の持統天皇の時代に始まったといわれているが、学術的にいうとより時代が下るはずであり、詳細はわかっていない。初期は内宮と外宮が別のサイクルで、それぞれ19年に一度ずつ行われていた。（画像：国立国会図書館所蔵）

る神社は伊勢神宮だけであり、ほかの神社の社殿は20年以上たっているところもあります。伊勢の式年遷宮には、ほかの理由もあるはずです。

そこで考えられるのは、「**死と再生を象徴する儀礼**なのではないか」ということです。

日本において重要な作物である**稲**は、秋に稔《みの》るといったん死にますが、次の春にはまた新しい稲が育ちます。この死と再生のくり返しが、式年遷宮に象徴されていると考えられるのです。式年遷宮は、神様と世界を再生させる儀礼だといえます。

また、内宮に祀られる**アマテラスオオミカミ**が、恐るべき神様だと思われていた（95ページ参照）ことも関係しているかもしれません。大きなコストをかけてお世話をすることで、何とか鎮まっていただこう、というわけです。

あなたを守ってくれる心強い神様

氏神と鎮守

Keywords
・血縁
・地縁
・崇敬

一族の神様と地域の神様

「氏神様《うじがみさま》」や「鎮守様《ちんじゅさま》」といった言葉を、目にしたり聞いたりしたことはないでしょうか。どちらも、神社に祀られる神様を指す言葉です。その意味を知れば、神社の神様のことを、より身近に感じられるようになると思います。

かつて、人々の暮らす集落は、人の出入りの少ない閉鎖的な空間であり、住民は互いにつながりの濃い人たちばかりでした。

同じ地域に住み、同族としての意識が強い人たちが、一族の祖先や守護神として祀った神様が、**氏神**《うじがみ》です。そして、同じ氏神を信仰する人たちを、**氏子**《うじこ》といいました。

しかし、中世末期から江戸時代にかけて、交通が盛んになると、集落の閉鎖性が薄れ、異なるルーツの人たちが同じ村に住むようなケースも増えてきます。それにともなって神様も、**血縁**《けつえん》にもとづく氏神から、地域を守る**鎮守**《ちんじゅ》（**鎮守神**《ちんじゅがみ》）へと変化していきました。同じ地域に住んでいれば、ルーツが違っていても、同じ祭に参加して同じ神様の加護を受けられるようになったわけです。「生まれた土地の神様」を意味する**産土神**《うぶすながみ》という言葉も、鎮守神とほぼ同じで、**地縁**《ちえん》にもとづく信仰に対応しています。

Point 「氏神」は一族の神様、「鎮守」は地域の神様だが、現代ではほぼ同じ意味の言葉として使われている。

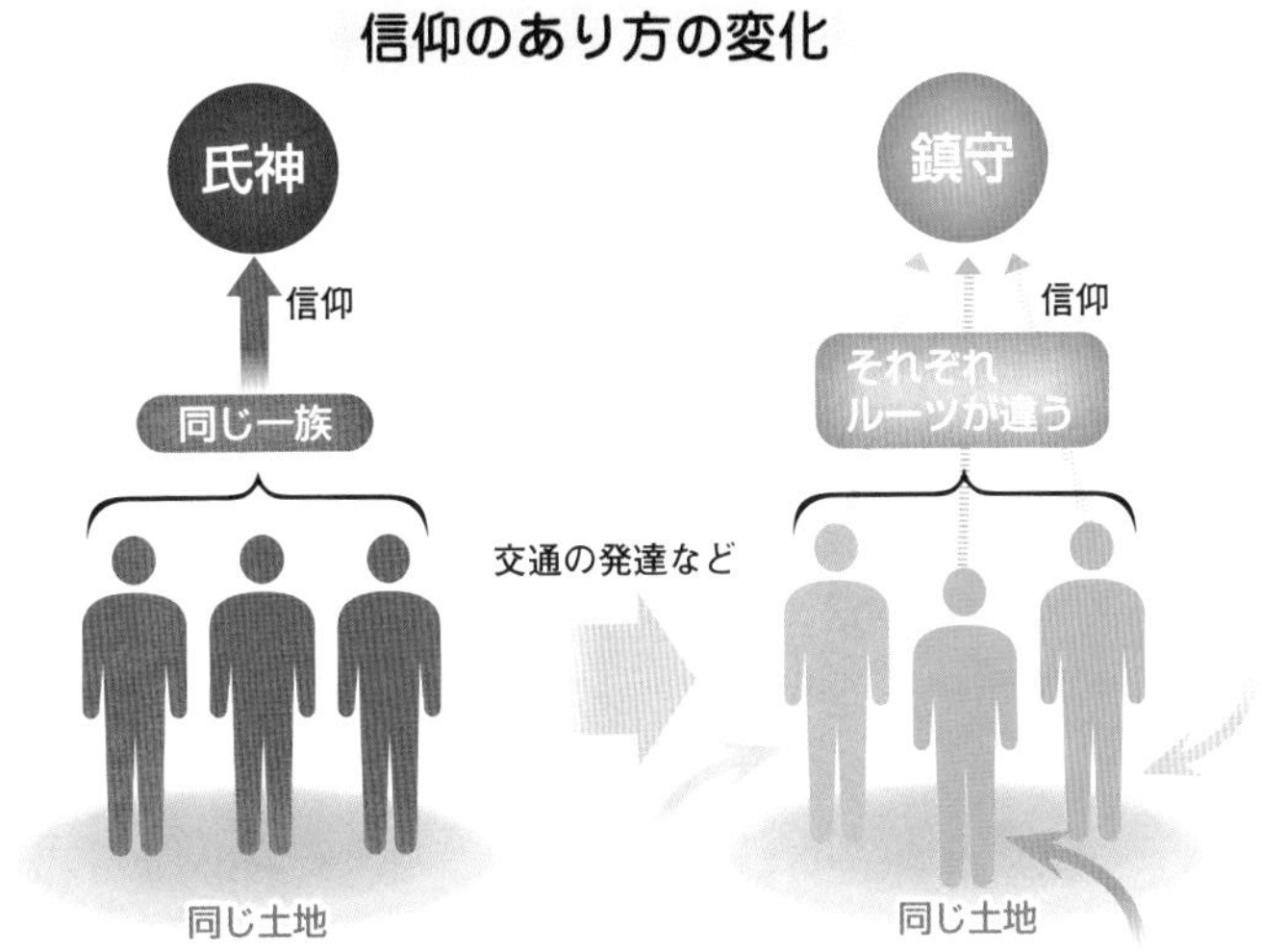

▲神様への信仰のあり方は、血縁的なものから地縁的なものへと変化した。

あなたも近くの神社の氏子

このように、本来の意味からすると、氏神と鎮守はニュアンスが異なります。しかし現代では、「行きつけの神社の神様」くらいの意味で、同じように使われています。

ある神社の周辺地域に住んでいる人は、自動的に、その神社の氏子ということになります。都市部では、氏子としての自覚をもたない人のほうが多いかもしれませんが、祭のときに近隣の人たちを集めるなど、地域をまとめあげる機能は、まだまだ神社から失われてはいません。

また、自分が氏子になっていない遠くの神社を、個人的に大事にすることを**崇敬**《すうけい》といい、崇敬する神社を**崇敬神社**《すうけいじんじゃ》といいます。

目に見えない神様が目に見えるものに宿る
さまざまなご神体

Keywords
・依り代
・本殿
・磐座

鏡や剣からお釜まで

神様は、目には見えない存在です。しかし、目に見えるものに宿ることはできると考えられています。この神様が宿るものを、**御霊代**《みたましろ》や**依**《よ》**り代**《しろ》、そして**ご神体**《しんたい》といいます。ご神体は、神様そのものとして扱われます。

ご神体となるものは、**鏡**、**剣**、**玉**、**弓矢**などさまざまです。有名なのは、**伊勢神宮**（三重県）の**八咫鏡**《やたのかがみ》と、**熱田神宮**（愛知県）の**草薙剣**《くさなぎのつるぎ》でしょう。ともに、**アマテラスオオミカミ**が依《よ》り憑《つ》くとされています。

ちょっと変わったご神体もあります。大分県の**薦神社**《こもじんじゃ》では**枕**《まくら》が、宮城県の**御釜神社**《おかまじんじゃ》（**鹽竈神社**《しおがまじんじゃ》の末社）では**釜**《かま》がご神体となっています。

ご神体はどこにあるのか

普通の神社では、ご神体は、最も大事な建物である**本殿**《ほんでん》の中の**神座**《しんざ》に安置されます。このご神体は、**神職**《しんしょく》（212ページ参照）でさえ、見たりふれたりすることはできません。参拝者は、手前の**拝殿**《はいでん》からこれを拝みます。

ただし、神社には最初から本殿があり、そこ

Point 神様が依り憑く「ご神体」にはさまざまなものがあり、普通は「本殿」に祀られる。

▲飛瀧神社の「ご神体」となっている「那智の滝」。(写真提供：公益社団法人和歌山県観光連盟)

にご神体を安置していたわけではありません。

古代、山の中で巨大な岩などを見て、自然のパワーを感じると、人はそこに神様が宿ると考えました。そのような巨大な岩を、**磐座**《いわくら》といいます。磐座で神様を招く祭祀を行ったのが、日本の神様に対する儀式の原型であり、神社以前の聖地の姿ではないかと考えられます。

そののち、本堂《ほんどう》に仏像を安置して礼拝する**仏教の影響**を受けて、社殿をもつ神社が作られるようになりましたが（171ページ参照）、オーソドックスな型にはまっていない神社もあります。奈良県の**大神神社**では、**三輪山**がご神体とされており、通常の参拝では、麓《ふもと》に作られた拝殿から、山に向かって手を合わせます。和歌山県の**飛瀧神社**《ひろうじんじゃ》は、**那智**《なち》**の滝**がご神体で、拝殿すらなく、直接滝を拝みます。

装束が目を引く神様への奉仕者

神職とはどういう人たちか

Keywords
・奉仕
・宮司
・巫女

掃除も祝詞も「奉仕」

神社でひときわ目を引くのが、平安貴族のような装束《しょうぞく》を身に着け、儀式を取り仕切っている**神職**の人たちです。男性のイメージが強いかもしれませんが、女性の神職もいます。

神職とは、神様に**奉仕**《ほうし》する人たちの総称で、**神主**などと同じ意味です。

神社では、働くことをすべて「奉仕する」といいます。庭を掃除することも、**祝詞**（221ページ参照）をあげることも、すべて神様に対して謹《つつし》んでお仕えする行為だとされます。

神職には役職があり、それぞれ名前がついています。

各神社にひとりだけいる責任者を**宮司**《ぐうじ》といい、以下、**権宮司**《ごんぐうじ》、**禰宜**《ねぎ》、**権禰宜**《ごんねぎ》と続きます（ここに出てくる「権《ごん》」は「副」と同じような意味です）。権宮司などは、欠員になっている神社も少なくありません。また、宮司の中には、いくつもの神社を兼任している人もいます。

ただし、**神社本庁**（199ページ参照）から**本宗**《ほんそう》（最も尊いお宮）に指定されている**伊勢神宮**だけは、役職名が違っています。伊勢神宮では、責任者を**祭主**《さいしゅ》といい、以下、**大宮司**《だいぐうじ》、**少宮司**《しょうぐうじ》と続きます。

Point 神社にはさまざまな役職の「神職」がいて、神様に対する「奉仕」を行っている。

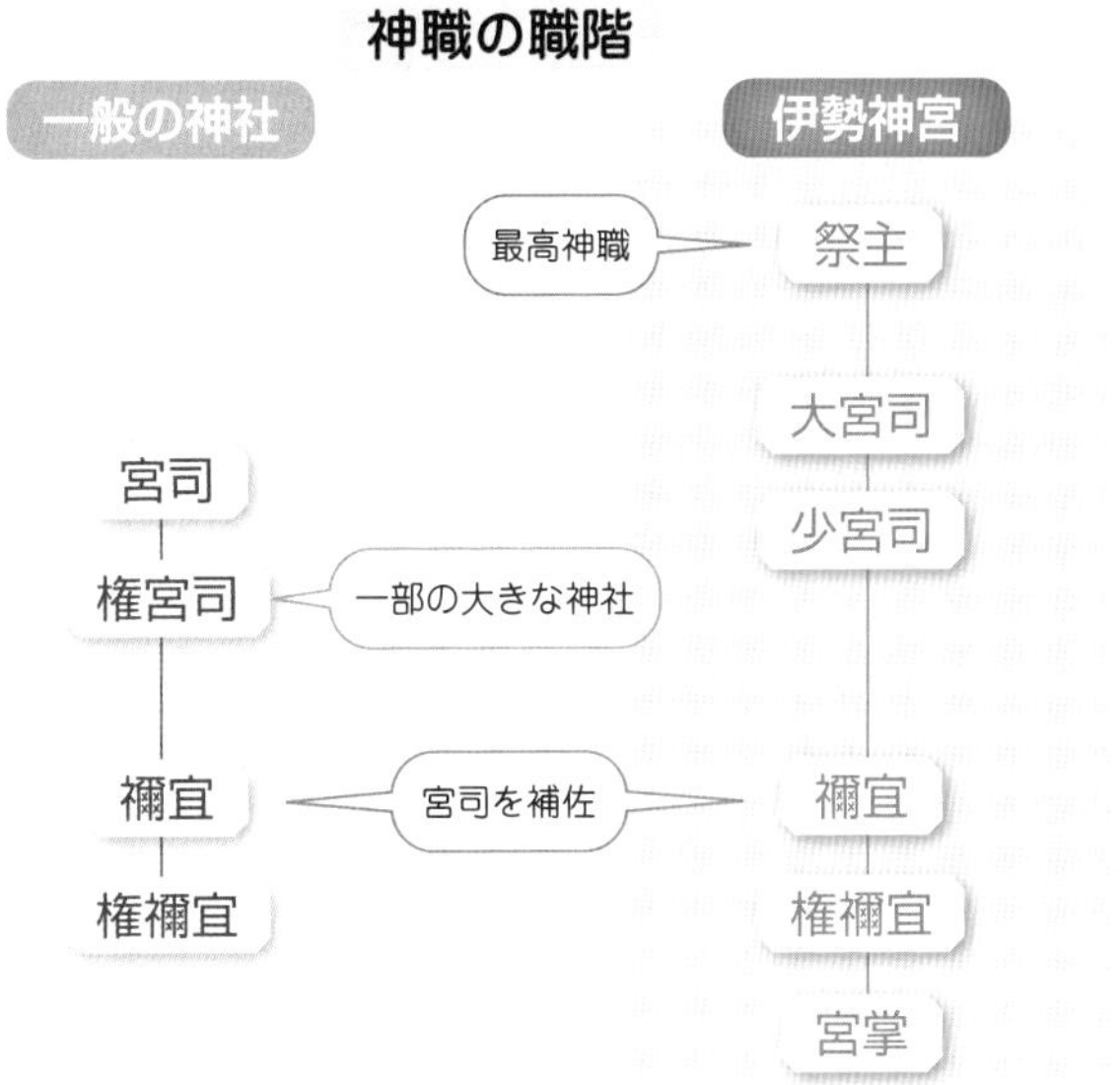

▲伊勢神宮の場合、「宮司」が「大宮司」と「少宮司」に分かれており、その上に「祭主」がいる。また、「権禰宜」の下には「宮掌《くじょう》」がいる。井上順孝『図解雑学　神道』などを参考に作成。

現代の巫女さん

巫女《みこ》さんは、じつは神職の中には含まれていません。

はるか昔の巫女は**シャーマン**としての役割を担い、神様に憑依《ひょうい》されて、神様の言葉を伝えていました（167ページ参照）。現代の巫女さんは、かつての巫女を模した存在として、神社で神職を補助するような奉仕を行っています。

神職になるには、神道系の大学で専門学科を卒業するなどして、資格を取る必要があります。一方、巫女になるのに特に資格はいりません。

それぞれの建物のもつ役割とは?

神社にはどういう建物があるのか

Keywords
・鳥居
・本殿、拝殿
・摂社、末社

俗世と神域を分ける鳥居

大きな神社でも小さな神社でも、境内にある建物や、その配置に大差はありません。敷地全体の入り口に建てられているのが**鳥居**です。この外側は人間が暮らす俗世、内側は神様の鎮座する神域《しんいき》とされます。

鳥居から続く道は**参道**《さんどう》といい、その中央の**正**《せい》**中**《ちゅう》は、神様の通り道だという考え方もあります。

入り口近くには、水をたたえる水盤《すいばん》と柄《ひ》杓《しゃく》の置かれた**手**《て》**水**《みず》**舎**《や》(「ちょうずや」などの読みも)があり、参拝者はここで手や口を清めます。

▼島根県の玉作湯神社の鳥居。(写真:島根県観光連盟所蔵)

Point 神社の入り口には「鳥居」が建っていることが多く、そこから「参道」が続いている。

▲島根県の城上神社。社殿の前には狛犬が置かれている。（写真：島根県観光連盟所蔵）

狛犬はペルシア起源の魔除け

鳥居の足もとか、または参道の一番奥の拝殿（216ページ参照）あたりに、左右一対の**狛《こま》犬《いぬ》**の像が置かれていることもあります。

さまざまな姿の狛犬がありますが、多いのは、全身は獅子《しし》に似ていて、向かって右側が口を開けた**阿形《あぎょう》**、左が口を閉じた**吽形《うんぎょう》**になっているものです。

狛犬の起源はペルシアやインドにあると考えられており、日本には平安時代中期に伝わりました。当初は、門扉《もんぴ》や屏風《びょうぶ》などがゆれるのを防ぐ重しとして使われていたようですが、**魔除《まよ》け**の役割を兼ねており、やがてそちらの意味合いが強くなっていったということです。

ご神体が安置されている本殿

参道の突き当たりにあるのが**拝殿**です。参拝者は、ここで**賽銭箱**《さいせんばこ》にお金を入れ、鈴を鳴らし、神様に向かってお祈りをします。

参拝者から見ると、この拝殿が神社の中心となる建物のように思われるかもしれませんが、神社で最も重要なのは、さらに奥にあって**ご神体**（210ページ参照）が安置されている**本殿**《ほんでん》（**正殿**《せいでん》、**神殿**《しんでん》）です。

本殿は神聖な場所であるため、四方を垣《かき》で囲まれ、一般の参拝者は近づけないのが普通です。ただし、神社が山や滝などをご神体としている場合、本殿がないこともあります（211ページ参照）。

摂社・末社にも神様が祀られる

神社の境内に、メインの社殿以外の小さい社《やしろ》が建っている場合があります。これらを**摂社**《せっしゃ》や**末社**《まっしゃ》といいます。

明治以来、そこに祀られている神様が**主祭神**とつながりの深い場合は摂社と呼ばれ、それ以外の場合は末社と呼ばれて区別されました。摂社のほうが格が高いとされます。

たとえば、**菅原道真**を主祭神とする**太宰府天満宮**（福岡県）には、摂社も末社も両方あります。摂社には道真の父母や妻、子どもが祀られており、末社には**アマテラスオオミカミ**（94ページ参照）や**オオモノヌシノカミ**（108ページ参照）などが祀られています。

Point ご神体は「本殿」に祀られており、「拝殿」から拝む。「摂社」や「末社」の神様を拝むこともできる。

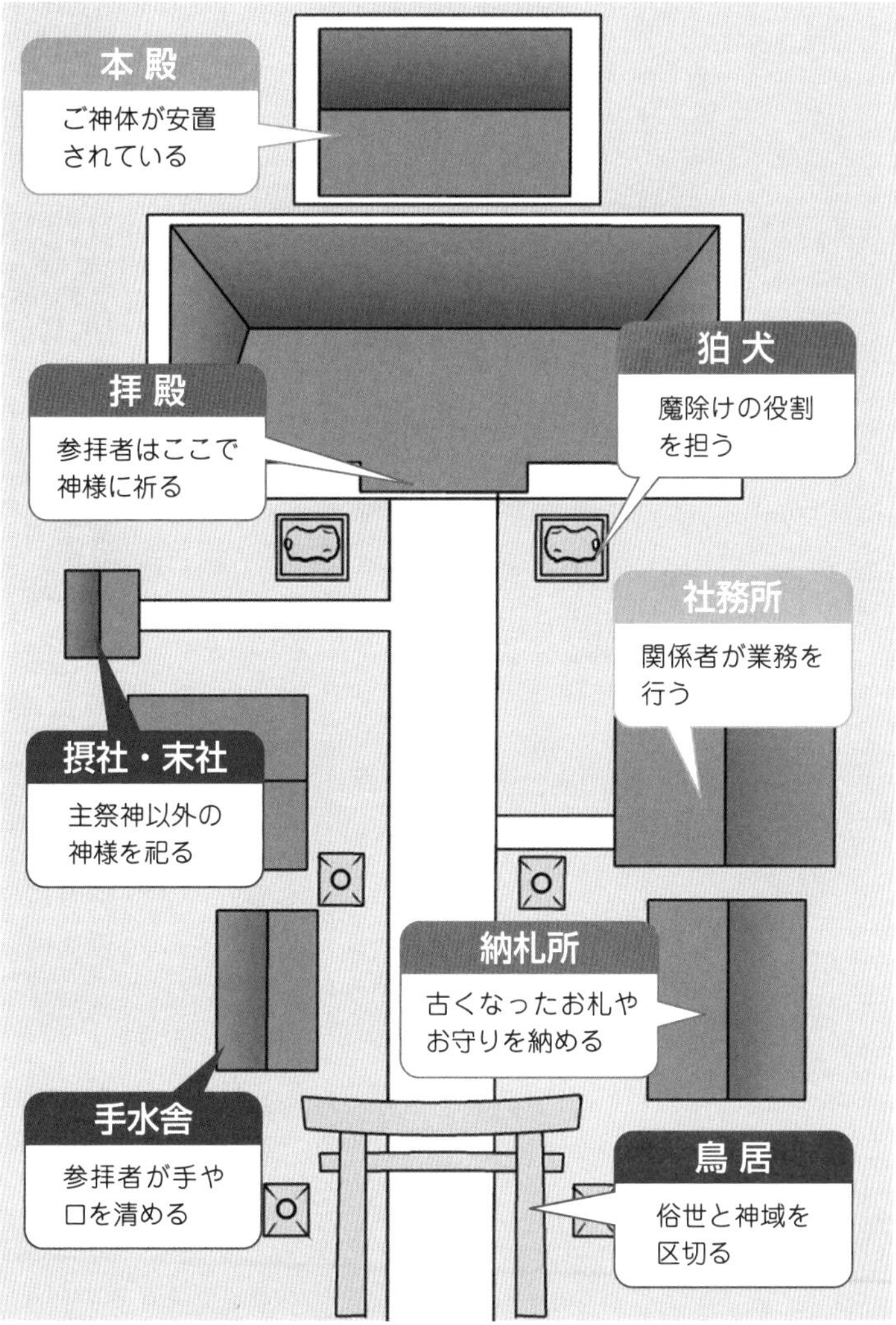

▲一般的な神社の境内における建物の配置。三橋健『イチから知りたい！　神道の本』などを参考に作成。

スタンダードなやり方を押さえよう

知っておきたい参拝の作法

Keywords
・お清め
・二拝二拍手一拝
・略式参拝、正式参拝

神社に入ったら身を清める

神社を訪れるとき、「私のお参りの仕方でいいのかな」と不安になったことはありませんか？　ここでは、現在よしとされている参拝の仕方を押さえておきましょう。

まずは**鳥居**をくぐるとき、軽くお辞儀《じぎ》をします。**参道**を進む際は、神様の通り道とされる**正中**（中央）を避け、やや端に寄って歩きます。

手水舎では、水で**お清め**をしましょう。まずは手からです。右手で柄杓をもって水をすくい、左手に水を流したら、今度は柄杓を左手にもち替えて、右手に水を流します。

次は口です。再び右手に柄杓をもち、左の手のひらに水を注いで、その水で口をすすぎます。柄杓から直接、水を口に入れてはいけません。もう一度、左手を洗ったら、柄杓を両手でもち、垂直に立てることで、柄《え》の部分に水を流します。柄杓を最初にあった場所に戻して、お清めは終わりです。

二拝二拍手一拝

拝殿に到着したら、軽く会釈をし、鈴を鳴ら

Point 軽くお辞儀をして鳥居をくぐり、やや端に寄って参道を進む。身を清め、拝殿では二拝二拍手一拝。

略式参拝フローチャート

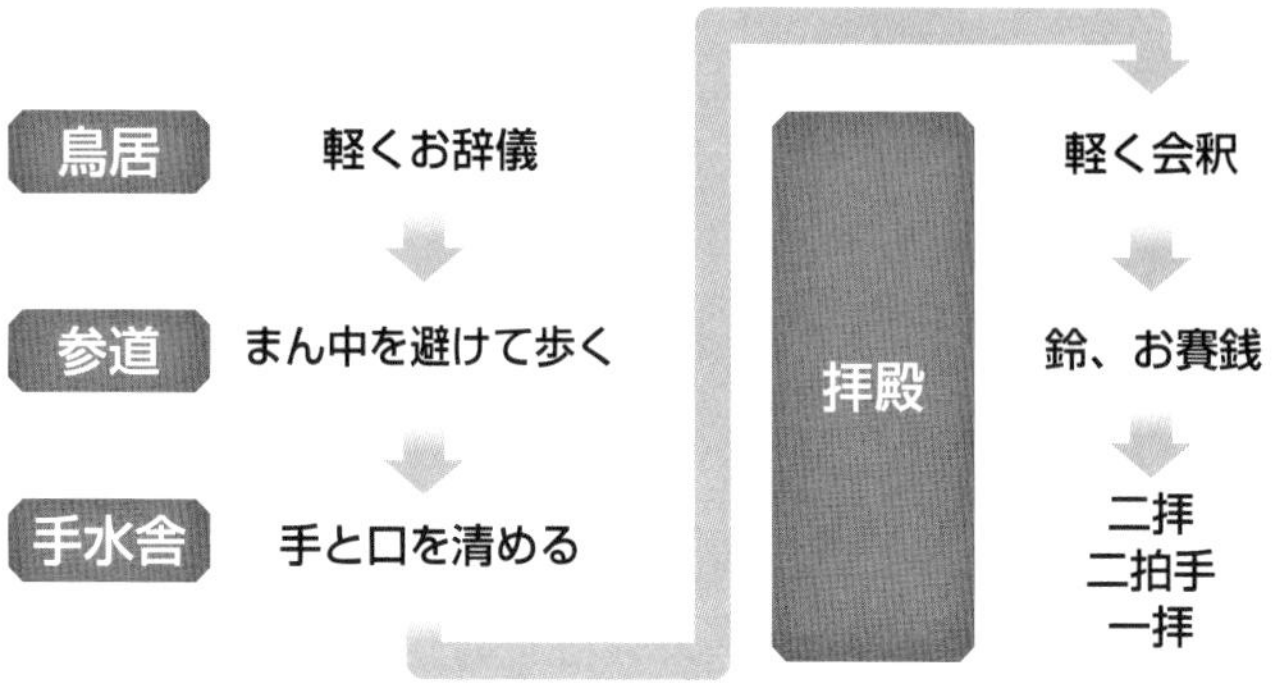

▲三橋健『イチから知りたい！　神道の本』などを参考に作成。ここでは、現在一般的によしとされている方法を紹介したが、じつはこのようなスタイルが定着したのは戦後のことである。昔は神社で神様に祈る際、座って手を合わせていた。「こうしなければならない」ということはないので、現在の「常識」も知ったうえで、自分に合ったお祈りの仕方を見つけていただきたい。

してから**お賽銭**《さいせん》を入れます。

さていよいよ神様を拝むわけですが、一般には、**二拝二拍手一拝**《にはいにはくしゅいっぱい》がよいとされます。深いお辞儀を2回して、両手を胸の高さで2回打ち、そのあとで、両手を合わせて祈ります。両手を下ろしたら、最後にもう一度、深くお辞儀をします。

これが現在、神社本庁も推奨《すいしょう》している参拝のスタイルです。ただし、**二拝四拍手一拝**《にはいよんはくしゅいっぱい》など、違う拝み方を正式とする神社もあります。

このような、私たちが普段行っているお参りは、**略式参拝**《りゃくしきさんぱい》です。**正式参拝**《せいしきさんぱい》では、拝殿の建物内に入り、**玉串**《たまぐし》（常緑の木や紙などでできた供え物）を奉納《ほうのう》します。その手順は、神職の指示に従いましょう。

お祓いと祈禱

身を清めて神様の力を借りよう

Keywords
・穢れ
・祝詞
・言霊

ものごとがうまくいかないとき、お祓いを受ける人は少なくありません。よくあるのは、災難続きの人が受ける**厄払《やくばら》い**です。

穢れを消してもらうお祓い

神社に入ったら**手水舎**で**お清め**（218ページ参照）をするのは、日本の神様が**穢れ**をたいへん嫌うからです。穢れた状態を放置していると、神様に守ってもらえないといいます。

逆に、神様の力で穢れをぬぐい去ってもらえば、いろいろなことがうまくいくようになると考えられています。

そこで行われる、穢れ除去の儀式が、**お祓《はら》い**です。神社に申し込むと、お祓いをしてもらえます。

祈禱と祝詞

お祓いは、不浄を取り払って清浄にしてもらう、いわばマイナスをゼロにする儀式です。

そのうえで、何か特にかなえたいことがある場合には、神様にお願いごとを伝える**祈禱《きとう》**を行います。

この祈禱の際、神様に向かって発するお願い

Point 「穢れ」をぬぐい去ってもらうのが「お祓い」で、神様にお願いをするのが「祈禱」である。

お祓いや祈禱の流れ

事前準備
- □申し込み方法などを神社のウェブサイトで確認
- □予約が必要なら予約する
- □初穂料（223 ページ参照）の用意
- □フォーマルな服装

↓ 当日、神社へ行く

受付
受付方法は神社によって異なるが、社務所での受付が一般的

↓ 自分の番を待つ間に、手水舎で手と口を清めておく

儀式
祝詞、神楽、玉串拝礼など

↓

お札やお守りが配られて終了

▲お祓いや祈禱の流れは神社によって違うが、ここでは一般的な流れを示した。各神社の HP などを参考に作成。

の言葉が**祝詞**《のりと》です。

一般的な祝詞は、パターンがほぼ決まっています。

まずは「かけまくも、かしこき」と始めて、神様の名を唱え、その神様を称《たた》えます。そのうえで、お願いごとをする人の名前と、お願いの内容を伝えます。最後は、「かしこみ、かしこみ申す」などで終わります。

祝詞には、中国から伝来した漢語は使われません。古くから日本で使われていた**大和言葉**《やまとことば》のみで奏上《そうじょう》されます。

祝詞をあげているとき、言い間違いは許されません。言葉には**言霊**《ことだま》という霊力が宿っており、口に出してしまったことは現実になると考えられているからです。

神社で払うお金にはどんな意味がある？

お賽銭・初穂料・玉串料

Keywords
・お清め
・初穂
・玉串

お賽銭の入れ方、知っていますか？

拝殿で神様を拝む前、**お賽銭**《さいせん》を賽銭箱に入れるとき、どのように入れていますか？

神様を尊ぶ気持ちから、できるだけそっと、音も立てないように入れている人もいるでしょう。そういう人は、ほかの人が硬貨をバッと高く放り投げるのを見ると、「神様に対して失礼じゃないの？」と気になってしまうかもしれません。しかしじつは、お賽銭の歴史や意味を考えると、これは失礼ではないのです。

昔は、神様に納めるのは金銭ではなく、**お米**

▼神様への供え物である「玉串」。

Point 「お賽銭」はお清めの意味をもっており、「初穂料」「玉串料」は神社（神様）に納める謝礼である。

でした。紙に包んでおひねりにして投げたり、**散米**《さんまい》といって、周辺に撒《ま》き散らしたりしていました。お米には霊力が宿っており、投げたり撒いたりすると、その場が清められると考えられていたのです。やがて、魚、肉、野菜なども納められるようになり、貨幣《かへい》の普及とともに、金銭に置き換わりました。

お米からお金に替わっても、**お清め**の考え方は残っており、現在も**散銭**《さんせん》という言葉が使われます。また、「お賽銭は体についた**穢れ**を引き受けてくれる」との考え方もあります。賽銭箱に硬貨などを投げ入れることで、投げた人の身から穢れが去るのです。

ただし、「神社の中では、丁寧な動作を心がけてもらいたい」という意見もあります。軽く放り投げるぐらいがいいでしょう。

初穂料と玉串料とは？

神社で**お祓い**や**祈禱**などをしてもらったとき、謝礼としてお金を払います。これを**初穂料**《はつほりょう》と呼びます。**初穂**《はつほ》とは、その年初めて収穫された稲穂のことで、無事に収穫を迎えたことへの感謝の印として、神様に奉納されていました。

この謝礼を、**玉串料**《たまぐしりょう》と呼ぶ場合もあります。**玉串**《たまぐし》とは、榊《さかき》などの常緑樹に紙や木綿《もめん》をつけた、神様への供え物であり、その玉串の代わりに納めるお金が玉串料です。

初穂料・玉串料は、のし袋か白い封筒に入れ、表書きの上段には「御初穂料」か「御玉串料」と書き、下段には自分のフルネームを記します。金額は、事前に神社に確認するとよいでしょう。

お願いするときは「専門家」を選ぼう

さまざまな神社のご利益

Keywords
・出世、成功
・結婚、出産、家庭円満
・健康、安全

神様にも「得意分野」がある！

近くの神社の神様に、自分の切実な願いごとをするのもいいですが、自分の願いごとに合ったご利益《りやく》がある神様を調べて、その神様が祀られている神社にお参りするのも一案です。

日本にはたいへん多くの神様がいて、それぞれの神様には、来歴やエピソードにまつわる「得意分野」があります。

あなたが何か、特定の悩みや望みをもっているなら、「専門家」の神様のところに行くと、大きなご利益をもらえるかもしれません。

ここでは、ごく一部になってしまいますが、それぞれのご利益について特に有名な神様と神社を紹介します。

身を立てて成功をつかむには

「運がよくなりたい！」というのは、だれもがもっている願いのひとつではないでしょうか。何をするにも、運がよいに越したことはありません。**開運**のご利益があるとされる神様は大勢いますが、神話の中でスケールが大きいのは、多くの苦難を乗り越えてこの国を建国したとい

Point 開運には神武天皇、出世には豊臣秀吉、お金なら七福神、学問は天神様、芸事はアメノウズメ。

ご利益と神様・神社 ①

ご利益	代表的な神様	参照ページ	代表的な神社
開運招福	神武天皇	120	橿原神宮（奈良）
	徳川家康	152	東照宮
出世開運	豊臣秀吉	152	豊国神社
	八幡神	126	八幡神社
商売繁盛 金運上昇	大黒天	136	神田明神（東京）
	恵比須	136	えびす神社
学業成就 試験合格	天神（菅原道真）	148	天満宮
	オモイカネ	98	阿智神社（長野）
芸能上達	アメノウズメ	100	鈿女神社（長野）
	弁財天	136	天河大弁財天社（奈良）

う**神武天皇**ではないでしょうか。神武天皇は**橿原神宮**《かしはらじんぐう》（奈良県）などに祀られています。

出世や**成功**のご利益に圧倒的な説得力があるのは、低い身分から天下人にまで上り詰めた**豊臣秀吉**です。京都などにある**豊国神社**《とよくにじんじゃ》に祀られています。

商売繁盛・金運上昇ならば、やはり**七福神**でしょう。思いどおりの物が出てくる**打出**《うちで》**の小槌**《こづち》をもった**大黒天**は、オオナムチ（オオクニヌシ）と同一視されて、**神田明神**《かんだみょうじん》（東京都）の祭神となっています。

学問を究めたいなら、**菅原道真**の**天満宮**《てんまんぐう》が各地にあり、定番です。

芸事《げいごと》には、**アメノウズメノミコト**の**鈿女神**《うずめじん》**社**《じゃ》（長野県）などがあります。各地に祀られる**弁財天**《べんざいてん》も、芸事の神様です。

幸せな家庭を築くには

縁結びのご利益で有名な神社も、各地にたくさんあります。

特に名高いのは、**出雲大社**《いずもたいしゃ》（島根県）でしょう。主祭神となっている**オオクニヌシノカミ**は、多くの妻と結ばれました。また彼は、天津神に国を譲って身を引く際、「私は目に見えない縁を結ぶ」と約束したとされています。

この国と多くの神を生み出したカップルである**イザナギノミコト**と**イザナミノミコト**も、縁結びや**夫婦円満**の神様です。兵庫県の淡路島（ふたりが国産みで最初に生み出した島）にある**伊弉諾神宮**《いざなぎじんぐう》には、もともとふた株だった木がひと株に結合した夫婦大楠《めおとおおくす》という木があり、イザナギとイザナミの宿る神木だとされています。

安産の神様としては、**コノハナサクヤビメ**が信仰されています。燃えさかる産屋の中で三つ子を無事に産んだこの女神は、各地の**浅間神社**《せんげんじんじゃ》の祭神です。また、シングルマザーになっても立派に**応神天皇**を産んで育てた**神功皇后**も、安産と**子育て**のご利益があるといいます。

霧島神宮《きりしまじんぐう》（鹿児島県）や**高千穂神社**《たかちほじんじゃ》（宮崎県）に祀られている**ニニギノミコト**は、地上に繁栄する天皇家の起点であることから、**家内安全**の神様とされています。

健康で安全に暮らすには

健康や安全は、多くの人の願いです。

Point 縁結びは出雲大社、安産は浅間神社、厄除けは八坂神社、交通安全は猿田彦神社。

ご利益と神様・神社 ②

ご利益	代表的な神様	参照ページ	代表的な神社
縁結び 夫婦円満	オオクニヌシ	106	出雲大社（島根）
	イザナギとイザナミ	92	伊弉諾神宮（兵庫）
安産	コノハナサクヤビメ	118	浅間神社
子育て	神功皇后	82	香椎宮（福岡）
家内安全	ニニギ	114	霧島神宮（鹿児島）
延命長寿	熊野三所権現	132	熊野神社
病気平癒	スクナビコナ	60	大洗磯前神社（茨城）
厄除け	スサノオ	96	八坂神社
交通安全	サルタビコ	116	猿田彦神社（三重）
海上安全	宗像三女神	48	宗像大社（福岡）

熊野三所権現は、**長寿**のご利益があるとされ、各地の**熊野神社**《くまのじんじゃ》に勧請されています。また、オオクニヌシとともに国造りをした**スクナビコナ**は医療の神様とされ、**病気平癒**《びょうきへいゆ》のご利益があるといわれます。

牛頭天王と習合した**スサノオノミコト**は、**厄除け**などのご利益がある神様として信仰され、各地の**八坂神社**《やさかじんじゃ》などに祀られています。

交通安全については、高天原から降りてきたニニギらを道案内した**サルタビコノカミ**が有名です。

海上安全の神様としては、**宗像大社**《むなかたたいしゃ》（福岡県）や**厳島神社**《いつくしまじんじゃ》（広島県）の祭神である**宗像三女神**がいます。神功皇后を朝鮮半島まで導いた**住吉三神**（83ページ参照）を祀る**住吉神**《すみよしじん》**社**《じゃ》も各地にあります。

注連縄とは何か

拝殿や**神木**《しんぼく》（神様が宿る木）など、神社のいろいろなところで、**注連縄**《しめなわ》を目にします。神聖な場所を区別し、悪霊などの侵入を防ぐために張られるものです。注連縄の語源は「占《し》める縄《なわ》」で、立入禁止を示しています。

神聖な場所とほかの場所を分けるものとしては**鳥居**もありますが、注連縄は、より強力に守らなければならないものにつけられます。鳥居で区切られた神域の中に、さらに注連縄で守られる場所があるわけです。

注連縄は神社ごとに形が違い、かける場所によってもさまざまですが、もとは雷雲をかたどったもので、綱から下がった**紙垂**《しで》という紙の飾りも、雷を表しているといわれます。

一般的な縄は右の方向に回して綯《な》いますが、注連縄の大半は逆です。神様のために使う特別なものとの意識があるようです。

注連縄の中でも最大級のものは、出雲大社で見られます。**神楽**《かぐら》（244ページ参照）を奉納する**神楽殿**《かぐらでん》にかけられており、長さ13・6メートル、重さは5・2トンあります。

相撲《すもう》（245ページ参照）の最高位の力士が土俵入《どひょうい》りをする際、腰につける**横綱**《よこづな》も、注連縄の一種です。力士には神が降りてきているとされ、神木などと同じ扱いなのです。

アマテラスオオミカミが**天の岩戸**から出たときに、再び岩戸の中に戻らないようにと縄を張ったのが、注連縄の起源ともされています（51ページ参照）。

第7章 私たちの生活と日本の神様

家の中の神棚

神様のお食事を供え、祈り、感謝する

Keywords
・神宮大麻
・家庭の祭
・神饌

家庭の祭の場

この章では、私たちの生活と神様とのかかわりを見ていきます。

家や会社などの中で、「小さな神社」の役割を果たすのが、**神棚**《かみだな》です。

室町時代以降、**伊勢神宮**の**御師**（190ページ参照）たちが、**神宮大麻**《じんぐうたいま》と呼ばれる**神札**《しんさつ》（お札）を全国に配り歩きました。それを納める場所として神棚が作られ、庶民の間に広まったとされています。

神棚は、神様を祀る祭祀のうちでも最小サイズのものである、**家庭の祭**を行う場だといえます。平和な家庭生活を送っていくために、神棚の前で神様に守護を願い、そして、家族が無事に日々すごせることを感謝するのです。

神棚作りのチェックポイント

神札を納めて祀る神棚は、**低い位置よりも高い位置に設けたほうがよい**とされます。

高すぎると手入れもできないので、手が届く範囲でということになりますが、できれば大人の目の高さよりも高い位置に設けましょう。1

Point 神札を納めた神棚は、少し高い清浄なところに設け、神様の食事を供えよう。

▲現代の一般家庭に設けられた神棚。

階に置くよりも、2階に置いたほうがよいとされます。

神棚には、神社の本殿がミニチュア化された**宮形**《みやがた》を据え、**注連縄**を張り、**榊**《さかき》**立**《た》**て**に神聖な植物である榊を飾ります。祭器具《さいきぐ》は神具・仏具の専門店で、榊は生花店で入手できます。

宮形などを置くのに、専用の棚を作るのが難しければ、できるだけ明るく清浄な場所を選びましょう。タンスや本棚の上に、新しい白布を敷いて、清らかに整えたところに設置するのでもかまわないのです。

神棚には通常は米、酒、塩、水をお供えします。また、魚、野菜、果物なども差し上げて、神様のお食事（**神饌**《しんせん》）とします。季節の初物など、自然の生命力を反映したお供え物になるように心がけるのがよいでしょう。

お札とお守りの役割とは？

神様の力にも「有効期限」があった!?

Keywords
・神札
・守札
・納札所

お札は魔除けの護符

神社で**お札**《ふだ》や**お守り**を授与してもらえることがあります。

お札は、魔除《まよ》けの護符《ごふ》の一種であり、**神札**《しんさつ》や**神符**《しんぷ》とも呼ばれます。

神社の神様の霊（**神霊**《しんれい》）を、家庭でも祀ることができるように、木や紙、金属片などに、神様の名前や象徴物が記されています。

お札は各神社が発行していますが、それらとは別に、**伊勢神宮**から年ごとに日本中に流布される**神宮大麻**（230ページ参照）もあり、現在はおもに**神社本庁**傘下の神社で授与されます。

お札は携帯用ではありません。家の戸口や壁、柱などに貼ったり、神棚に納めたりするためのものであり、比較的大きなサイズです。

大麻（おおぬさ）

▲「神宮大麻」は、お祓いに用いる「大麻《おおぬさ》」（上のイラスト）が由来になっている。

Point お札（神札）は魔除けの護符の一種であり、これを携帯できるようにしたものが「お守り」である。

神札

▲お札（神札）。お守りは、お札を携帯できるようにしたもの。

お守りは携帯用のお札

神札を携帯できるようにコンパクトにしたものがお守りで、**守札**《まもりふだ》とも呼ばれます。よく見る錦の小袋のお守りは、**懸守**《かけまもり》といいます。中には、お札と同じように、神様の姿や象徴物が書かれたものが入っています。また、**水晶**《すいしょう》のお守りや、**勾玉**のお守りもあります。

金運上昇、恋愛成就など、現在はお守りの種類が豊富です。複数のお守りを同時にもち歩いても問題ありません。

ただ、懸守の袋を開けて中を見ることはお勧めしません。それが原因で罰《ばち》が当たるようなことはありませんが、中身の破損を避けるためにも、神様を敬う心を忘れないためにも、袋に包んだまま大切に扱いましょう。

お札やお守りの**有効期限は、基本的には1年**です（ただし、合格祈願、安産祈願などは願いが成就するまで）。

古くなったものは、授与してもらった神社の**納札所**《のうさつじょ》（217ページ参照）に納めるのが望ましいですが、遠方などの理由で難しいなら、近くの神社に納めても問題ありません。

日本人は一年を神様とともに暮らしてきた

さまざまな節句

いくつもの信仰が混じり合う

日本の一年には、季節の節目となるさまざまな行事の日があります。それらのことを**節句**といいます。節句の行事は、神道と仏教、そのほかのさまざまな信仰が、民間レベルで混じり合って、人々の生活に浸透していきました。

たとえば、夏の**お盆**《ぼん》です。旧暦の7月15日を中心に先祖を祀るこの行事は、仏教のイメージが強いかもしれませんが、先祖を祀る日本古来の儀式が、仏教の供養と結びついて、現代まで続いているものです。

五節句

中国での名称	日付	日本での名称
人日《じんじつ》	1月7日	七草の節句
上巳《じょうし》	3月3日	桃の節句
端午《たんご》	5月5日	菖蒲の節句
七夕《しちせき》	7月7日	七夕《たなばた》
重陽《ちょうよう》	9月9日	菊の節句

▲「五節句」は現在も、私たちの生活に根づいている。

Keywords
・お盆
・五節句
・お花見

日本の年中行事には、日本の神様とのかかわりが、ほかの信仰とも混じりながら残っている。

▲お正月の「鏡餅」。正月 11 日には、「年神様」にお供えしていた鏡餅を下げて食べる「鏡開き」を行う。

お正月と年神様

多くの節句の中でも、年中行事として日本社会に深く根づいているのが、**五節句**《ごせっく》です。

そのひとつ**人日**《じんじつ》**の節句**は、正月7日に7種の若菜の入った**七草粥**《ななくさがゆ》を食べるお祝いです。平安時代から日本にあった、正月の若菜摘《わかなつ》みの風習が、無病息災を願って七草の汁物を食する中国の慣習と結びつきました。

もう少し広く、**お正月**全体を考えると、神様とのかかわりが見えてきます。**門松**が**年神様**を招く**依り代**になることはすでに述べました（26ページ参照）。大小2個の餅《もち》を重ねた**鏡餅**《かがみもち》には、五穀豊穣をもたらす年神様への供物《くもつ》としての役割があります。

▲江戸時代の「享保雛」。(画像：東京国立博物館所蔵)

桃の節句(雛祭)と端午の節句

3月3日は**桃の節句**と呼ばれ、**雛祭**《ひなまつり》が行われます。これはもともと中国の**上巳**《じょうし》という穢れ祓いで、日本の風習と混ざり、人形に罪や穢れを移して海や川に流すならわしとなりました。現在のように、美しい**雛人形**《ひなにんぎょう》を飾って女の子の成長を祈るようになったのは、江戸時代以降です。

5月5日の**端午**《たんご》**の節句**は、中国から伝わった行事が、日本の田植え祭の神事と結びついたものです。現在は**こどもの日**という国民の祝日で、男の子の節句だと思われています。

中国では植物の**菖蒲**《しょうぶ》が厄除けに使われており、日本もその影響を受けていました。そして菖蒲は「尚武《しょうぶ》」(武道を重んじること)と同じ音だ

「五節句」だけでなく、「お花見」や「お月見」も、神様とともにすごす行事である。

ということで、武者人形や兜《かぶと》を飾り、男の子の成長を祈る日となりました。力強く滝をのぼる鯉を模した**鯉のぼり**も飾られます。

七夕と重陽の節句

7月7日の**七夕**《たなばた》は、天の住人である**織姫**《おりひめ》と**彦星**《ひこぼし》が、年に一度だけ、天の川をはさんで出会う日だとされます。もとは中国の伝承です。江戸時代には人々が織姫に裁縫《さいほう》の上達を願ったことから、笹竹《ささたけ》に短冊《たんざく》をつけて星に願いごとをする慣習が生まれました。

9の数字は中国では縁起のよい数であり、これがふたつ重なる9月9日は、**重陽**《ちょうよう》**の節句**といってめでたい日です。**菊**《きく》の芳香で邪気《じゃき》払《ばら》いして長寿を祈る行事が、平安時代に日本へ伝来し、江戸時代には菊酒を飲んで無病息災などを願う風習が広がりました。**菊の節句**とも呼ばれています。

以上の五節句のほかにも、さまざまな年中行事が信仰と結びついています。日本人が大好きな春先の**お花見**も、**田の神様**が乗り移った桜の花の下で、食べ物やお酒をお供えして、人間もともにいただくという神事だったとされます。

6月末に、神社で大きな茅の輪をくぐる**夏越**《なごし》**の祓**《はらえ》は、**武塔天神**と**蘇民将来**の話（130ページ参照）からきています。

9月の**お月見**には**ススキ**を飾りますが、このススキは**ツクヨミノミコト**（44ページ参照）の依り代です。このように、昔から日本人は、一年を神様とともにすごしてきたのです。

人生の節目の行事

生涯を通じた神様との接点の数々

Keywords
・誕生
・成長
・健康

冠婚葬祭と神様

冠婚葬祭《かんこんそうさい》という言葉があります。**冠**とは、人が成長して一人前になったことを認められる儀式のことです。**婚**は婚礼、**葬**は葬式、**祭**は葬式に続く先祖供養の祭礼のこと。

これらは、人間の生涯における重要な節目だといえます。

日本では古くから、さまざまな人生の節目を大切にし、儀式を行ってきました。その多くは、神様とのかかわりとして行われており、今に残っているものも少なくありません。

安産と誕生にかかわる行事

妊娠や**出産**は、母子の生死にかかわる大きなできごとです。近代医療の発達以前は、乳幼児の死亡率も高かったため、子どもが無事に誕生し、成長できるよう、神様に祈る切実な儀式が、神社で行われていました。

懐妊《かいにん》5か月目頃の「戌《いぬ》の日」に、妊婦が神社に参拝して、祈禱してもらった腹帯《はらおび》を締めるのが、**着帯**《ちゃくたい》**の祝い**（**帯祝**《おびいわ》**い**）です。妊娠を祝うと同時に、安産になるようにと、お産の軽い犬にあやかるわけです。

Point 子どもが無事に誕生し成長することを神様に祈る儀式は、切実なものだった。

誕生から一人前になるまで

タイミング	イベント名	何をするか
妊娠5か月の戌の日	着帯の祝い	神社で腹帯をもらう
子どもの誕生	産湯	赤ちゃんを清める
生後3日目	産着	産着を着せる
生後7日目	お七夜	名前をつける
生後30日ほど	初宮参り	初めて神社を訪れる
生後100日ほど	お食い初め	食べ物を食べるまねをする
3歳の11月15日頃	七五三（男女とも）	晴れ着を着て神社へ
5歳の11月15日頃	七五三（男の子）	晴れ着を着て神社へ
7歳の11月15日頃	七五三（女の子）	晴れ着を着て神社へ
20歳（18歳）	成人式	大人の仲間入り

▲七五三を「数え年」（満年齢に１を足す）で行うか、満年齢で行うかは、どちらでもよいことになっている。なお、2022年３月まで日本の成人年齢は20歳だったが、同年４月から18歳に引き下げられる。成人式の年齢は、各自治体が判断する。

無事に子どもが生まれたら、出生後7日目に、**お七夜**《しちや》のお祝いをします。新生児にとっては、これが人生最初の祝いの儀式になります。誕生後の無事を確認して名前をつけ、その命名書に神社でお祓いをしてもらったり、祝いの席で名前を披露《ひろう》したりします。

生後30日ほどたってから、赤ちゃんを連れて神社に参拝します。**初宮参り**《はつみやまい》です。**初宮詣**《はつみやもうで》、**お宮参り**などといったりもします。

健やかな生育を神様に祈るだけではありません。生まれてきた子どもが、地域の一員として認められるための、社会的な儀式です。こうして子どもは、共同体のメンバーとなっていくのです。

成長にかかわる行事

生後１００日目に、子どもが大人と同じものを食べるまねをする儀式を、**お食《く》い初《ぞ》め**といいます。「一生、食べ物に困らないように」という願いを込めて行う儀式です。

子どもが育ってきたら、**七五三《しちごさん》**が待っています。３歳と５歳の男の子、３歳と７歳の女の子が、11月15日頃に晴れ着を着て神社に参詣します。これまでの無事を神様に感謝し、これからの無事を祈って悪霊を祓う行事です。

そして一定の年齢になったら、無事に大人の仲間入りができたことを神様に報告します。**成《せい》人式《じんしき》**です。自分の行動に責任をもつ立場になったことを自覚する、特に重要な人生の節目です。

健康・長寿にかかわる行事

成人後の人生の行事は、おもに健康や長寿を神様に願ったり、感謝したりするものです。

年を重ねていく中で、男女それぞれに、災難が身に降りかかりやすい**厄年《やくどし》**があるとされます。男性42歳、女性33歳の**大厄《たいやく》**をはじめ、該当する年には、正月や節分に神社へ参詣して**厄祓《やくばら》い**を受け、無病息災を祈願するとよいでしょう。

一方で、一定の年齢に達したことを祝う**歳祝《としいわ》い**もあります。**還暦《かんれき》**と呼ばれる60歳の祝い、88歳の**米寿《べいじゅ》**の祝いなどです。

ほかにも節目の年齢ごとに、元気に暮らしてこられたことへの感謝の気持ちを神様に伝え、以後の人生の幸せを願います。

Point 人は人生の節目で、神様に感謝し、願いをかけながら人生を送る。

厄年と歳祝い

男性		
前厄	本厄	後厄
24歳	25歳	26歳
41歳	42歳	43歳
60歳	61歳	62歳

女性		
前厄	本厄	後厄
18歳	19歳	20歳
32歳	33歳	34歳
36歳	37歳	38歳

70歳	77歳	80歳	81歳	88歳
古希《こき》	喜寿《きじゅ》	傘寿《さんじゅ》	半寿《はんじゅ》	米寿《べいじゅ》

90歳	99歳	100歳	108歳	111歳
卒寿《そつじゅ》	白寿《はくじゅ》	上寿《じょうじゅ》	茶寿《ちゃじゅ》	皇寿《こうじゅ》

▲「歳祝い」は満年齢でも数え年でもよいが、「還暦」は満年齢60歳で祝う。「厄年」は数え年で数える。

神前結婚式・神式葬儀

冠婚葬祭の中でも、**結婚式**はキリスト教の教会で行うイメージが強いかもしれません。また、**お葬式**はお坊さんが呼ばれて仏式で行われることが多いようです。

しかし、日本の神様とのかかわりとして、神式で結婚式やお葬式を行うこともできます。

現在の形の**神前結婚式**《しんぜんけっこんしき》は、明治時代から一般に広まりました。神社で神様に結婚を報告し、新郎新婦が神酒を3つの杯で3度ずつ飲み交わす**三三九度**《さんさんくど》で将来を誓います。

神式葬儀《しんしきそうぎ》は、自宅や葬儀場に神職を招いて実施します。基本は仏式と同じで、故人は神式のお墓に納められ、神様として祀られます。

地鎮祭と上棟式

太古から引き継がれる土地の神様への儀式

Keywords
・地鎮祭
・上棟式
・散餅散銭の儀

神様に工事を知らせる儀式

現代でも、日本の神様に対する儀礼は、数多く行われています。

その中でも、広く実施されている重要なものとして、工事にかかわる儀式があります。

土木工事や建設工事を始める前には、工事の安全や建物の無事、そして完成後の建物で生活する人々の幸せを願う**地鎮祭**《じちんさい》を行います。建築現場の土地に宿る神様の霊を鎮め、厄災がないよう清め祓うのです。

古くは弥生時代から、土地の霊を祀っていた

▼「地鎮祭」の準備。

現代でも、工事の無事を神様に祈る「地鎮祭」や「上棟式」は行われている。

痕跡《こんせき》が確認されています。そして『日本書紀』には、飛鳥時代に**藤原京**《ふじわらきょう》という都を造営した際、**持統天皇**が行った儀式が、日本最初の地鎮祭として記録されています。

大地の神様を祀ることは、日本人に長く受け継がれてきた風習なのです。

地鎮祭ではまず、敷地の四隅に**斎竹**《いみだけ》（葉つきの青竹）を立てて、**注連縄**を張り巡らし、**紙垂**《しで》を垂らして祭場を設けます。

その内側に、神様が降りてくる**依り代**としての**神籬**《ひもろぎ》（清浄な常緑樹）を立て、神様への供え物を捧げ、お祓いをして祝詞をあげます。

そして、工事の施主や工事関係者が草を刈ったり、土を掘る動作をしたりすることで、土地の神様に工事の開始を知らせ、その安全を祈願するのです。

さらなる無事を祈る上棟式

建築工事で建物の基礎構造が完成すると、**棟**《むな》**木**《ぎ》が上がることを祝う**上棟式**《じょうとうしき》が行われることがあります。棟木とは、屋根の最上部に長く渡される太い横木で、建物の重要な部分となります。

上棟式は、工事のプロセスにおけるひとつの大切な区切りを祝うとともに、建築にかかわりの深い神様や土地の守護神を祀り、建物の安全な竣工と家屋の無事を祈る儀式です。

中央の柱を中心にして祭場を設け、お祓いのあとに、魔除けをつけた棟木を棟に引き上げて、かけ声よく棟木を打ち固めます。そのあとに行われる**散餅**《さんぺい》**散銭**《さんせん》**の儀**《ぎ》（**餅まき**）は、福を分けることなどを意味するといわれます。

さまざまな文化が神事から発生した

芸能や競技のルーツ

Keywords
・神楽
・相撲
・競馬

伝統芸能と日本の神様

日本の文化は、日本の神様と深くかかわりながら、神事を通して多くの**伝統芸能**、**伝統競技**を育んできました。

日本古来の舞踊である**神楽**《かぐら》は、神様に奉納するための踊りとして継承されています。その起源は、神話で**天の岩戸**に隠れた太陽神**アマテラスオオミカミ**を呼び戻すために、激しく舞った**アメノウズメノミコト**の踊りだとされます。

雅楽《ががく》は、古代に中国、朝鮮、ベトナムなどから入った音楽をベースにした宮廷音楽ですが、

▼島根県で行われる「出雲神楽」。（写真：島根県観光連盟所蔵）

Point 「能」や「相撲」など、現代にも生きている文化の多くは、日本の神様とのかかわりをルーツとする。

神祀りを荘厳にする役割をもち、奈良時代から多くの神社で演奏されつづけました。

南北朝時代に発展した**能**《のう》も祭礼と関連する芸能で、神様を主人公とした演目もあります。

あの「国技」のルーツは？

日本の国技ともされる**相撲**《すもう》は、神話がルーツだとされています。**国譲り**に際しての戦い（63ページ参照）や、『日本書紀』に記された**当麻蹴速**《たいまのけはや》と**野見宿禰**《のみのすくね》の戦いです。

相撲はもともと、格闘技やスポーツではなく、四股《しこ》によって悪霊を踏みつける呪術だったとされます。やがて対戦の形になり、勝敗によって豊作かどうかを占う儀礼に変わりました。それが宮中の行事になり（**相撲節会**《すまいのせちえ》）、さらに武士たちによって武術として発展させられて、国技として現代に継承されているのです。

また**競馬**《けいば》（**くらべうま**）や、馬を走らせながら弓を射る**流鏑馬**《やぶさめ》も、神社などで神様への奉納として行われていました。現在も、**賀茂別雷**《かもわけいかづち》**神社**《じんじゃ》（京都府）など各地の神社の祭儀や、五穀豊穣祈願の祭事として継続されています。

▼大蘇芳年《芳年武者无類　野見宿祢・当麻蹴速》に描かれた相撲。（画像：国立国会図書館所蔵）

神様07

祭を楽しもう

ハレの時間を神様とともにする

Keywords
・ハレ、ケ
・祭式、祭礼
・神輿

祭に参加すると、**ハレ**と呼ばれる非日常的な時間を、神様と共有します。そのことによって、同じような日々のくり返しの中でいつの間にか失っていた活力が回復します。そして、エネルギーに満ちた状態で、再び**ケ**と呼ばれる日常に戻っていくことができるのです。

日本の祭は、農業とのかかわりから発展したところが大きいといえます。

農村部では、**春祭**で一年の豊作を神様に願い、**秋祭**では豊かな収穫への感謝をにぎやかに示しました。都市部では、疫病を鎮めるための**夏祭**も発達しましたが、一年のうちで祭が最も多いのは、収穫の時期である秋です。

祭とは何か

神様に供物を供え、感謝を伝えたり、何かを祈願したり、あるいは神様の霊を慰めたりする儀礼のことを、**祭**といいます。

「祭」は「祀り」であり、「祀る」は「祭る」とも書きます。私たちが「お祭」と呼んで楽しんでいるイベントは、もともと神様を祀る行事なのです。人間を超えた大きなものを感じ、謙虚になってその大きなものと向かい合うことで、生きていくための恵みをもらうのが、祭だといえるかもしれません。

Point 非日常の時間を神様と共有する祭には、宮中の祭式のように、一般には非公開のものもある。

主要な宮中祭祀

1月1日	四方拝《しほうはい》
	歳旦祭《さいたんさい》
1月3日	元始祭《げんしさい》*
1月4日	奏事始《そうじはじめ》
1月7日	昭和天皇祭《しょうわてんのうさい》*
1月30日	孝明天皇例祭《こうめいてんのうれいさい》
2月17日	祈年祭《きねんさい》
2月23日	天長祭《てんちょうさい》

春分の日	春季皇霊祭《しゅんきこうれいさい》*
	春季神殿祭《しゅんきしんでんさい》*
4月3日	神武天皇祭《じんむてんのうさい》*
	皇霊殿御神楽《こうれいでんみかぐら》
6月16日	香淳皇后例祭《こうじゅんこうごうれいさい》
6月30日	節折《よおり》
	大祓《おおはらい》
7月30日	明治天皇例祭《めいじてんのうれいさい》

秋分の日	秋季皇霊祭《しゅうきこうれいさい》*
	秋季神殿祭《しゅうきしんでんさい》*
10月17日	神嘗祭《かんなめさい》*
11月23日	新嘗祭《にいなめさい》*
12月中旬	賢所御神楽《かしこどころみかぐら》
12月25日	大正天皇例祭《たいしょうてんのうれいさい》
12月31日	節折
	大祓

▲天皇が行う「宮中祭祀」には、五穀豊穣を祈願し感謝するもの、天皇の祖先を祀るもの、年月の節目に行うものがある。＊のついているものは「大祭」。（宮内庁 HP をもとに作成）

宮中での祭

祭には、❶**祭式**《さいしき》と呼ばれる、神職中心の非公開の儀式と、❷**神賑行事**《しんしんぎょうじ》や**祭礼**《さいれい》と呼ばれる、一般の人にもオープンな儀式の2種類があります。

❶は、天皇が行う**宮中祭祀**《きゅうちゅうさいし》をイメージすればよいでしょう。天皇は古代から、神を祀る祭式にたずさわってきました。

宮中祭祀の中でも、天皇自身が神主の役を務めるものは**大祭**《たいさい》と呼ばれます。**掌典長**《しょうてんちょう》という役職の人が祭典を行い、天皇も拝礼するものは、**小祭**《しょうさい》といいます。毎月1日、11日、21日には、**旬祭**《しゅんさい》という祭典も行われています。

神社での祭と神輿

じつは、全国の神社でも、宮中祭祀と連動した年中行事としての祭が行われています。

たとえば1月1日には、社殿の奥で、よい一年になるように祈願する**歳旦祭**《さいたんさい》が行われます。五穀豊穣を願う春の**祈年祭**《きねんさい》や、収穫に感謝する秋の**新嘗祭**《にいなめさい》も、神社にとって重要なお祭です。

しかしそれ以外にも2月3日の**節分祭**《せつぶんさい》など、❷のオープンな祭礼が催されます。特に盛り上がるのは、それぞれの神社が一年に一度、由緒ある日に行う**例祭**《れいさい》でしょう。

例祭では、**神輿**《みこし》が活躍します。古代にまでさかのぼる歴史をもつといわれる神輿は、神様に移動してもらうときに用いる、神様の乗り物です。**鳥居**がついていて、社殿の屋根をもつ、まるで神社のミニチュアのような美しい神輿ですが、祭の中では、激しくゆらすほど霊力が高まるといわれています。

日本の祭のパワー

数ある日本の祭の中で特に有名なのが、**日本三大祭**です。

神田明神（東京都）の**神田祭**《かんだまつり》では、平安時代の衣装を着た大勢の人が大都会を練り歩きます。

八坂神社（京都府）の**祇園祭**《ぎおんまつり》は、多くの巨大な**山鉾**《やまほこ》で有名です。山鉾とは、お祭のときに担いだり引いたりする**山車**《だし》の一種で、趣向が凝らされています。

日本の祭りがもつパワーは、神様とのかかわりからきているのかもしれない。

▲熊野大社（島根県）の「節分祭」。（写真：島根県観光連盟所蔵）

大阪天満宮（大阪府）の**天神祭**《てんじんまつり》は、毎年6月下旬から、イベントが約1か月も続きます。毎年130万人もの人がくり出し、大阪の夏の風物詩となっています。

日本人はなぜか「三大〇〇」が大好きのようで、**日本三大奇祭**《きさい》なるものもあります。その3つの祭は、じつは諸説あって確定していないのですが、本書でもふれた**諏訪大社**（長野県）の**御柱祭**や、**北口本宮冨士浅間神社**（山梨県）の**吉田の火祭り**などが挙げられています。

日本の祭には、すがすがしいパワーがあふれています。祭に参加する人たちが、神様と同じ時間をすごしているからこそ、そのようなパワーが出てくるのではないでしょうか。太古から続く人と神様とのかかわり合いは、今もたしかに生きつづけていると感じられます。

さ

し

す

せ

そ

た

▼え

▼お

▼か

▼き

▼く

▼け

▼こ

索引

＊初出、または特に参照するべきページは、太字にしてあります。
＊見出しや図のみに載っているページも含みます。
＊神様の名前は、略称を索引項目にしています（例：アマテラスオオミカミ→「アマテラス」）

❖ 主要参考文献 ❖

島田裕巳『日本人はなぜ富士山を求めるのか』（徳間書店）、『なぜ八幡神社が日本でいちばん多いのか』『二十二社』（幻冬舎）、『「日本人の神」入門』『性と宗教』（講談社）、『なぜ日本人は神社にもお寺にもいくのか』（双葉社）、『日本人の信仰』（扶桑社）、『神社から読み解く信仰の日本史』（SB クリエイティブ）、『神社で拍手を討つな！』（中央公論新社）、『教養として学んでおきたい神社』（マイナビ出版）／島田裕巳監修『宇宙一やさしい！　日本の神様図鑑』（洋泉社）

『古事記』（緒方惟章訳、西沢正史監修、勉誠出版）

『日本書紀』（山田宗睦訳、教育社）

平田篤胤『霊の真柱』（子安宣邦校注、岩波文庫）

伊藤聡『神道とは何か』（中央公論新社）／伊藤聡、遠藤潤、松尾恒一、森瑞枝『日本史小百科　神道』（東京堂出版）／井上順孝監修『図解雑学　神道』（ナツメ社）／井上寛司『「神道」の虚像と実像』（講談社）／小川仁志監修『図説　一冊で学び直せる哲学の本』（学研）／岡田荘司編『日本神道史』（吉川弘文館）／加唐亜紀『ビジュアルワイド図解　古事記・日本書紀』（西東社）／かみゆ歴史編集部編『日本の信仰がわかる神社と神々』（朝日新聞出版）／川口謙二編著『日本の神様読み解き事典』（柏書房）／菅野覚明『神道の逆襲』（講談社）／神野志隆光『古事記と日本書紀』（講談社）／後藤明『世界神話学入門』（講談社）／後藤武士監修『図説　一冊で学び直せる日本史の本』（ワン・パブリッシング）、『図説　一冊で学び直せる戦国史の本』（学研）／坂本勝監修『まんがとあらすじでわかる　古事記と日本書紀』（宝島社）／佐藤弘夫『日本人と神』（講談社）／神社本庁教学研究所監修『神道いろは』（神社新報社）／新谷尚紀『神道入門』（筑摩書房）／菅田正昭『面白いほどよくわかる神道のすべて』（日本文芸社）／薗田稔、茂木栄編集・監修『日本の神々の事典』（学研）／武光誠『知識ゼロからの神道入門』（幻冬舎）／多田元監修『史上最強カラー図解　古事記・日本書紀のすべてがわかる本』（ナツメ社）、『オールカラーでわかりやすい！　古事記・日本書紀』（西東社）／ちはやぶる記紀神話研究会編『【図解】古事記と日本書紀』（ワン・パブリッシング）／中公新書編集部編『日本史の論点』（中央公論新社）／中沢新一『古代から来た未来人　折口信夫』（筑摩書房）／平藤喜久子『日本の神様解剖図鑑』（エクスナレッジ）、『神話でたどる日本の神々』（筑摩書房）／平藤喜久子監修『一番よくわかる神社と神々』（西東社）／松本直樹『神話で読みとく古代日本』（筑摩書房）／三橋健『神社のしくみと慣習・作法』（日本実業出版社）、『イチから知りたい！　神道の本』（西東社）／三橋健、白山芳太郎編著『新装ワイド版　日本神さま事典』（大法輪閣）／茂木貞純監修『日本人なのに知らない神社と神道の謎』（実業之日本社）／由良弥生『眠れないほど面白い『古事記』』（三笠書房、2013年）／『最新学説で読み解く日本の神話』（宝島社）

『詳説世界史　改訂版』（山川出版社）／『詳説日本史　改訂版』（山川出版社）／『日本史 B 用語集　改訂版』（山川出版社）／『国史大辞典』（吉川弘文館）

❖ 写真協力 ❖
Freepik／Pixabay／Wikimedia Commons／写真AC／イラストAC／シルエットAC／ホノルル博物館／メトロポリタン美術館／ブルックリン美術館／ボストン美術館／東京国立博物館／鳥取県立博物館／沖縄県南城市教育委員会／島根県観光連盟／宮崎県観光協会／和歌山県観光連盟／アメリカ合衆国議会図書館／関西大学アジア・オープン・リサーチセンター／国立国会図書館デジタルコレクション

図説　一冊で学び直せる日本の神様の本
2022年4月3日　第1刷発行

編集製作 ◎ ユニバーサル・パブリシング株式会社
デザイン ◎ ユニバーサル・パブリシング株式会社
イラスト ◎ シブヤユウジ（カバーイラスト）
岩崎こたろう／山中こうじ／ユニバーサル・パブリシング株式会社
編集協力 ◎ 明石白／柳本学

監　修 ◎ 島田裕巳
発行人 ◎ 松井謙介
編集人 ◎ 長崎　有
企画編集 ◎ 宍戸宏隆
発行所 ◎ 株式会社 ワン・パブリッシング
〒110-0005 東京都台東区上野3-24-6

印刷所 ◎ 岩岡印刷株式会社

この本に関する各種のお問い合わせ先
●本の内容については、下記サイトのお問い合わせフォームよりお願いします。
https://one-publishing.co.jp/contact/
●在庫・注文については　書店専用受注センター　Tel 0570-000346
●不良品（落丁、乱丁）については　Tel 0570-092555
業務センター　〒354-0045 埼玉県入間郡三芳町上富279-1